KB090226

토머스 모어,
거지 왕자를 구하다

탐 철학 소설 34

토머스 모어, 거지 왕자를 구하다

초판 인쇄	2017년 12월 13일
초판 발행	2017년 12월 18일
지은이	김영진
책임 편집	임나윤
마케팅	강백산, 강지연, 김가연
디자인	이정화
표지 일러스트	박근용
펴낸이	이재일
펴낸곳	토토북

주소 04034 서울시 마포구 양화로11길 18 3층 (서교동, 원오빌딩)

전화 02-332-6255 | 팩스 02-332-6286

홈페이지 www.totobook.com | 전자우편 totobooks@hanmail.net

출판등록 2002년 5월 30일 제10-2394호

ISBN 978-89-6496-358-6 44100

ISBN 978-89-6496-136-0 44100 (세트)

● 이 책의 사용 연령은 14세 이상입니다.

● 탐은 토토북의 청소년 출판 전문 브랜드입니다.

토머스 모어,
거지 왕자를 구하다

김영진
지음

34

탐
철학
소설

탐

차례

모어가 꿈꾼 '유토피아'는 어떤 곳일까?

유토피아! 이 단어처럼 우리 마음을 설레게 하는 단어도 없을 것입니다.
또한 유토피아를 꿈꾸지 않는 사람도 드물 것입니다. 중년이나 노년에
접어든 사람들은 한때나마 유토피아를 꿈꿨을 것이며, 소년이나 청년들
은 아마 지금 유토피아를 꿈꾸고 있거나 앞으로 꿈꿀 것입니다.

왜 사람들은 저마다의 유토피아를 꿈꾸는 걸까요? 이유는 간단합
니다. 인간의 마음속에는 분명 선한 면이 있기 때문입니다. 솔직히 말해,
저처럼 공부가 부족한 사람이 맹자와 루소의 성선설이나 순자와 로크의
성악설처럼 인간의 본성을 정의 내리기는 굉장히 힘듭니다. 그러나 공부
의 깊이를 떠나 한 명의 사회인으로 겪었던 경험을 되짚어 보면, 모든 사
람의 마음속에는 선한 부분이 있는 것 같습니다. 다만, 정도의 차이가 있
을 뿐이겠죠.

유토피아의 꿈은 바로 인간의 선한 마음에서 비롯됩니다. 특히 이
타심에 뿌리를 두고 있죠. 자, 생각해 봅시다. 모든 사람은 잘 살기를 바
랍니다. 그런데 잘 산다는 것에는 물질적인 풍요는 물론 심리적인 안정

도 포함됩니다. 만약 나는 행복하게 살고 있더라도, 다른 사람들의 불행을 보면 결코 마음이 편치 않을 것입니다. 이는 진정으로 행복하다고 하기 힘든 겁니다. 결국 나도 잘 살고 남도 잘 살고, 모두가 행복하기를 바라기 마련입니다. 모두가 행복하게 잘 사는 세상, 그것이 바로 유토피아지요!

토머스 모어의 '유토피아'는 바로 그런 곳입니다. 구성원들이 지나친 욕심을 부리는 대신 양보와 협동의 미덕을 발휘하여, 모두 행복하게 잘 사는 세상 말입니다. 모어는 자신이 살던 16세기 영국이 결코 그런 사회가 아니라고 판단했습니다. 그래서 책 속에서나마 자신이 꿈꾸던 이상적인 사회를 그려 냈습니다. 그래서 이름을 '유토피아(Utopia)'로 정한 것입니다. 'topia'는 '장소'를 뜻하고 'u'는 '없다'와 '좋다'를 동시에 뜻합니다. '유토피아'는 '좋은 곳'인 동시에 '존재하지 않는 곳'인 셈이죠. 이야말로 진정한 의미의 이상향이 아니겠습니까? 좋은 곳이지만 아직 존재하지 않는 곳. 그래서 우리가 만들기 위해 노력해야 하는 곳.

모어가 생각한 '유토피아'는 어떤 곳이었을까요? 그곳은 무익한 전쟁이 일어나지 않고, 구성원들이 건전한 쾌락을 추구하며, 종교적인 이유로 남을 배척하지 않고, 사유 재산을 제한함으로써 사람들이 다투지 않게 하며, 국민들을 법률과 형벌로 억누르기보다는 바른 삶을 살도록 교화하는 사회였습니다.

그러나 안타깝게도 16세기 영국은 전혀 그런 곳이 아니었습니다. 걸핏하면 외국과 쓸데없는 전쟁이 일어나 백성들이 희생당했고, 늘 생활고에 시달리는 서민들에게 정신적인 쾌락은 사치였습니다. 헨리 8세의 무리한 종교 개혁은 오랫동안 영국의 불안 요소가 되었고, 빈부 격차가 크게 벌어져 사람들은 서로 속이고 해치기 바빴습니다. 한편, 사회적 불안을 억지로 잠재우고자 법률과 형벌은 점점 가혹해지고 있었죠. 이런 현실이 모어를 괴롭게 만들었고, 그로 하여금 '존재하지 않지만 좋은 곳'인 '유토피아'를 꿈꾸게 했던 것입니다.

그렇다면, 이제 오늘날 우리 대한민국의 현실을 떠올려 봅시다. 우리 대한민국의 국민 여러분은 과연 얼마나 행복한가요? 대한민국은 전 세계에서 가장 전쟁 위험성이 큰 나라입니다. 청년 세대의 취업난은 당사자들뿐 아니라 부모 세대의 삶까지 피폐하게 만들고 있습니다. 대형 교회를 비롯한 일부 종교인들의 납세 여부는 점차 큰 사회적 문제로 대두되고 있습니다. 빈부 격차는 날로 심해지고 있죠. 1인당 국민 소득은 높은 수치를 자랑하지만, 부의 재분배가 잘 이뤄지지 않아 국민행복지수는 부끄러운 수준에 머물고 있습니다. 또한 온갖 강력 범죄의 만연으로 시민들이 불안에 떨고 있으며, 법률을 강화하고 처벌의 수위를 높여야 한다는 목소리가 점점 커지고 있는 실정입니다. 이것은 결코 좋은 현상이 아닙니다.

지금은 21세기입니다. 그런데 5백 년 전 사람인 모어가 오늘날 대한민국 사회를 보면 뭐라고 할까요? 역시 인류는 발전한다며 기꺼워할까요? 반대로, 우리가 모어를 만나면 그에게 뭐라고 할 수 있을까요? 우리는 이토록 좋은 세상에서 살고 있다며 자랑할 수 있을까요?

모어가《유토피아》에서 비판했던 문제점들은 오늘날 우리 사회에도 고스란히 나타나고 있습니다. 그 구체적인 양상만 달라졌을 뿐이죠. 이것이 제가 독자 여러분께《유토피아》에 담긴 모어의 사상을 살짝이나마 보여 드린 이유입니다. 먼 옛날에 먼 나라에서 살았던 사람의 이야기라며 대수롭지 않게 넘기기보다는, 시대와 장소를 초월해 사람들이 모두 행복하게 살 수 있기를 바랐던 한 사상가의 선량한 시선과 의견에 깊이 공감해 주기를 바랍니다.

김영진

잉글랜드의 왕자 에드워드,
거지 왕자가 되다

1547년 어느 날, 잉글랜드 왕국의 수도 런던에서 있었던 일이다.

그날 시청에서는 왕자와 공주들도 참석하는 큰 축제가 열렸다. 축제의 열기는 시간이 지날수록 점점 뜨거워졌다. 광대들부터 시작해 음유시인들, 이어서 귀족과 귀부인들까지 흥겹게 춤을 추었다. 값비싼 옷감과 화려한 보석으로 치장한 귀족과 귀부인들의 모습은 눈이 어지러울 정도로 아름다웠다. 소년 에드워드는 높은 의자에 앉아 그 광경을 흐뭇하게 내려다보는 가짜 왕자의 모습을 멀리서 하염없이 바라보고 있었다. 가짜 왕자의 차림새야말로 누구보다 훌륭했다. 그는 흰 사틴 윗옷에 모피와 보석, 깃털로 장식하고 목에는 가터 훈장[1]을 매고 있었다.

　문득 에드워드는 자신이 걸치고 있는 옷을 확인이라도 하듯 살펴보았다. 역한 냄새가 물씬 풍기는 더럽고 낡은 누더기였다. 에드워드는 몹시 분했다. 이 누더기야말로 원래 저 가짜 왕자 녀석이 걸치고 있던 것 아닌가! 그는 속으로 자신을 크게 나무랐다.

'이 멍청한 왕자야, 왜 저 천한 거지와 쓸데없는 장난을 쳐서 옷을 바꿔 입었단 말이냐?'

그랬다. 바로 이 소년 에드워드야말로 진짜 왕자였다. 그야말로 잉글랜드 국왕 헨리 8세의 유일한 아들이자 웨일스 대공[2]으로서 장차 잉글랜드의 왕관을 쓰게 될 인물이었다.

오늘 낮에 성내 저잣거리를 지나다가 저 꼬맹이를 마주친 것이 불행의 시작이었다. 그는 거지 주제에 왕자인 자신과 놀라울 정도로 닮은 얼굴을 갖고 있었다. 잠시 장난기가 동해 그 거지 녀석에게 옷을 바꿔 입자고 한 것은 분명 자신의 실수였지만, 왕자는 이미 그 한순간의 실수를 갚고도 남을 만큼 호된 곤욕을 치렀다. 아차 하는 사이에 그 거지와 헤어진 후 길거리에서 사람들에게 조롱을 당했고, 심지어 그 거지 녀석의 아버지라는 작자에게 두들겨 맞기까지 했다. 지금도 그자에게서 도망치다가 이 축제 장소까지 오게 된 것이었다. 아직도 그자에게 맞은 어깻죽지가 얼얼했다.

'톰, 분명 톰이라 했지.'

왕자 에드워드는 거지 꼬마의 이름을 떠올렸다. 자신은 저 톰이란 녀석을 가엾게 여겨 도와주기도 했는데, 녀석은 별안간 자취를 감추더니, 급기야 지금은 왕자의 자리에 뻔뻔하게 도사리고 있는 게 아닌가! 에드워드는 이제 고작 열 살이었다. 어린 소년 왕자의 가슴속에 분노가 치밀어 올랐다. 그리고 자기도 모르게 그 분노가 입 밖으로 새어 나왔다.

"저 발칙한 놈, 언젠가 반드시 큰 벌을 내리리라."

이 말을 마침 옆에 서 있던 어떤 중년 사내가 들었다. 누더기를 걸친 어린 꼬마 입에서 나왔다고는 믿기지 않는 말에 그는 깜짝 놀랐다.

"누구에게 벌을 내리겠다는 거냐?"

"저 가짜 왕자 말이다."

사내는 왕자의 말을 도무지 알아들을 수 없었다.

"저 왕자님이 가짜라고? 그럼 진짜는 누군데?"

왕자는 당당하게 답했다.

"내가 진짜 왕자다!"

어린 왕자의 목소리가 하도 우렁찼던 탓에 사내 말고도 많은 사람이 그 말을 들었다. 그들은 모두 놀라 왕자를 쳐다봤다. 많은 시선에 당황한 왕자는 얼굴을 붉히고 말없이 고개를 숙였다. 곧 사람들이 수군거리는 소리가 들려왔다.

"실성했나 봐."

"어린애가 참 가엾게…….."

대체로 불쌍하게 여기는 말들이었지만 비웃는 소리도 있었다.

"꼬맹이가 미쳐도 참 무엄하게 미쳤군."

이 말이 왕자를 다시 발끈하게 했다.

"무엄한 건 너희들이다! 언젠가 네놈들도 경을 칠 줄 알거라!"

그리고 이 말은 군중을 성나게 만들었다.

"이런 미친 꼬맹이가!"

[1] 1348년에 에드워드 3세에 의해서 처음 만들어진 영국의 기사단 훈장이다.

[2] 웨일스 대공(Prince of Wales): 1337년 에드워드 3세(재위: 1327~1377)의 장남 '흑태자'
  에드워드(1330~1376)는 불과 일곱 살의 나이에 웨일스 대공으로 임명되었다. 비록 그는 부
  왕보다 먼저 사망하는 바람에 왕위에 오르지 못했지만, 그 후 웨일스 대공은 잉글랜드 왕세
  자의 공식 직함이 되었다. 물론, 현재의 웨일스 대공은 찰스 왕세자다.

1

왕자,
토머스 모어의
유령을 만나다

화난 사람들은 험악한 표정으로 왕자를 에워쌌다. 왕자는 뒷걸음질 쳤지만 도망갈 데도 없었다. 그때였다. 일촉즉발의 상황에서 웬 남자가 다가오더니 소년의 손을 덥석 잡았다.

"너 이 녀석, 또 이상한 소리를 하고 돌아다니는구나!"

왕자는 고개를 들어 그를 올려다봤다. 그는 수수하지만 기품 있는 복장을 한 초로의 사내였다. 귀족은 아니라도 고위 성직자나 학자로 보였다. 하지만 아무튼 왕자는 처음 보는 사람이었다. 그래서 손을 빼며 꾸짖듯 물었다.

"너는 또 누구냐? 누군데 감히 나에게 아는 체를 하느냐?"

그러자 그는 다시 손을 잡으며 왕자 대신 군중을 향해 탄식했다.

"이보시오. 이 아이는 내 손자인데, 가엾게시리 제 할아버지도 못 알아볼 만큼 정신이 나갔소. 그러니 다들 딱하게 여겨 주시오."

그 하소연에 사람들은 금세 낯빛을 풀었다. 따뜻한 위로의 말을 건네는 사람도 있었다. 그러나 왕자는 더욱 화가 나서 고함쳤다.

"넌 대체 누구냐!"

그러자 그는 왕자의 입을 막고 으슥한 곳으로 데려갔다. 어린 왕자 에드워드는 힘없이 끌려갔다. 어느 골목에 이르자 비로소 그는 왕자의 입에서 손을 떼었다. 왕자는 거침없이 분노를 쏟아 냈다.

"대체 넌 누구냐! 누구기에 감히 내 할아버지라고 거짓말을 하느냐! 내 할아버님이 누구신지 알기나 하느냐!"

"위대한 헨리 7세 폐하시죠."

생각지도 못한 정확한 대답에 오히려 왕자는 경악했다. 그래서 한참 말을 잃고 멍하니 있다가 더듬거리며 다시 물었다.

"너는……. 너는 정말로……. 나를 알고 있구나?"

"물론 알고 있습니다, 왕자 전하."

슬며시 미소 지으며 답하는 그를 보며 왕자는 자기도 모르게 왈칵 눈물을 쏟았다. 이 누더기를 걸친 후 처음으로 자신을 알아보는 사람을 만난 것이다. 그 감격에 왕자의 말투도 많이 누그러졌다. 왕자는 눈물을 글썽이며 물었다.

"그대의 이름은 무엇이오?"

"토머스라 합니다."

"토머스? 토머스라……. 그렇다면 지금 내 자리에 앉아 있는 저 발칙한 거지 톰 캔티와 같은 이름 아닌가!"

"그렇습니다, 왕자님. 하지만 토머스는 아주 흔한 이름이죠."

무슨 이유에서인지 잠시 생각에 잠겨 있던 왕자가 문득 생각났다는 듯이 입을 열었다.

"그러고 보니, 부왕의 총신 중에도 유독 토머스라는 이름을 지닌 자들이 많았지."

"그렇습니까?"

태연한 듯 대답하는 토머스의 입꼬리가 웬일인지 가늘게 떨렸다.

"그렇소."

"하긴, 울지 추기경[3]의 이름도 토머스였다죠."

"그렇소. 내가 태어나기 몇 년 전에 죽었소. 굉장히 뛰어난 성직자였다고 들었는데……."

"네, 아주 걸출한 인물이었습니다. 사실 성직자라기보다는, 국왕의 신하이자 관리로서 더 대단한 인물이었죠."

울지 경을 잘 아는 듯한 토머스의 말에 에드워드는 깜짝 놀랐다.

"아니, 그대는 그를 만나 본 일이 있소?"

"네, 몇 차례 있습니다."

"오, 이거 놀라운 일이군. 이런 저잣거리에서 울지 경을 아는 사람을 만나다니. 그는 어떤 사람이었소?"

"아주 신중하고 치밀한 분이었습니다. 왕에 대한 충성심도 매우 강했고, 그에 대한 왕의 신임도 아주 컸죠."

"그랬군. 하지만 말년은 꽤 불우했다고 들었는데?"

"그렇습니다. 국왕 폐하께서 이혼하실 때 열심히 돕지 않았기 때문에 폐하의 신임을 잃었습니다."

"아, 그 일은 대충 알고 있소. 부왕께서 메리 누님의 어머니 캐서린 왕비와 이혼하고 엘리자베스 누님의 어머니 앤 왕비와 재혼하실 때 이야기로군."

"네, 1527년 이후의 일이었습니다. 울지 경의 비협조적인 태도에 국왕 폐하의 실망도 컸고, 앤 불린 왕비도 그를 매우 원망했죠. 결국 그는 숙청당했고 얼마 후 화병으로 죽었습니다. 죽기 전에 폐하께 충성한 것을 크게 후회했다더군요."

왕자는 말없이 생각에 잠겨 있었다. 부왕의 허물이 들춰져 살짝 기분이 상한 모양이었다. 그러다 화제를 돌리려는 듯 말을 꺼냈다.

"아, 맞아. 그러고 보니 앤 왕비의 부친이자 엘리자베스 누님의 외조부 이름도 토머스라 들었소."

"맞습니다. 토머스 불린[4]이죠. 뛰어난 외교관이자 훤칠한 미남자였죠. 앤 왕비도 아버지를 닮아 미인이었습니다."

왕자의 눈이 다시 휘둥그레졌다.

"아니, 그대는 불린 경도 알고 있소?"

토머스는 멋쩍은 듯 웃기만 했다. 무슨 영문인지 한동안 침울한 표정으로 조용히 있던 왕자가 가만히 말을 이었다.

"그는 좋은 사람이었소?"

"네, 아주 유쾌한 사람이었습니다. 호인이었죠."

그러나 토머스는 더 길게 말하지 않았다. 헨리 8세가 왕자의 어머니 제인 시무어와 결혼하기 위해 앤 왕비와도 이혼하려 했고, 그녀가 거부하자 처형해 버렸으며, 그 와중에 불린 경은 근심 속에서 죽었고, 마침내 가문이 풍비박산 났다는 끔찍한 이야기를 차마 꺼낼 수는 없었던 것이다. 왕자 또한 그런 사정을 대충 알고 있었으므로 말하고 싶지 않기는 마찬가지였다. 따라서 침묵이 꽤 오래 이어졌다. 그 어색한 침묵을 깬 것은 토머스였다.

"아하, 몇 년 전에 처형당한 에식스 백작 이름도 토머스였죠."

"토머스 크롬웰[5] 말이군. 그는 간신이었소."

어린 왕자의 몹시 단호한 말에 토머스는 쓴웃음을 지었다.

"그렇습니까?"

"그렇소. 아주 교활한 작자였지. 내가 네 살 때였나? 부왕께서 그를 처형하셨는데, 아주 잘된 일이지."

토머스의 쓸쓸한 미소가 더욱 짙어졌다.

"그가 그토록 교활했나요?"

"아무런 이상도 신념도 없이 오직 개인의 출세만을 위해 살았다고 들었소. 의리도 없고."

"의리가 없긴 했죠."

"그렇소. 그는 부왕의 첫 번째 이혼은 물론 두 번째 이혼에도 찬성했소. 캐서린 왕비를 배신했다가, 앤 왕비도 배신한 거지. 지조 없는 자요."

그러자 토머스가 의외라는 듯 말했다.

"국왕께서 앤 왕비와 이혼하고 제인 왕비님과 결혼하신 것은 왕자님께 좋은 일 아닙니까? 그 덕분에 왕자님이 태어나셨는데요."

왕자는 잠시 망설이다 단호하게 말했다.

"아무리 그래도 그자가 나쁜 사람인 것은 틀림없는 사실이요. 박쥐 같은 사람 아니오?"

그 말에 토머스는 왕자가 대견하다는 듯 미소 지었다.

"게다가 그자는 내 어머니가 돌아가시자마자 가장 서둘러서 부왕을 또 재혼시킨 자요. 이 얼마나 교활하오?"

토머스는 여전히 웃으며 답했다.

"왕자님 말씀이 옳습니다. 게다가 그는 친구를 배신했지요."

"아, 그렇소? 그 친구는 누구요?"

토머스는 그 질문에는 답하기가 힘들었다. 왕자에게 '그건 바로 접니다. 제가 처형당했을 때 그는 등을 돌렸었죠.'라고 대답할 수는 없는 노릇이었다. 자신이 유령이란 사실을 밝히면 가뜩이나 힘든 상황에 처한 이 가엾은 소년은 기절하거나 미쳐 버릴지도 몰랐다. 게다가 간사한 크롬웰뿐 아니라 자신을 헌신짝처럼 버린 헨리 8세가 생각나 모어의 얼굴은 순식간에 어두워졌다.

그의 어두운 표정에 주눅이 든 건지, 아니면 부왕에게 버림받은 자들이 떠올라 심란해진 건지, 왕자 또한 침울한 표정으로 말이 없었다. 그러던 중 갑자기 생각났다는 듯이 물었다.

"아, 그 사람 혹시 토머스 모어 아니오?"

"네?"

"크롬웰에게 배신당했다는 친구 말이오. 토머스 모어 경 아니오?"

이번에는 모어가 깜짝 놀라고 말았다. 이 어린 왕자가 나를 어찌 알고 있을까?

"왕자님은 토머스 모어를 어떻게 아십니까? 그는 왕자님이 태어나기 한참 전에 죽은 사람입니다."

"엘리자베스 누님께 들었소. 아주 대단한 학자였다던데."

아, 그랬나. 모어의 얼굴에 다시 쓴웃음이 번졌다. 생전에 모어는 엘리자베스의 어머니 앤 왕비와의 재혼을 반대했고, 마침내 앤 왕비 자녀의 왕위 계승권에 반대하다 처형당했다. 결국 그는 엘리자베스의 왕위 계승권에 반대하다 죽은 것인데, 정작 그녀가 자신을 좋게 말했다니 기분이 굉장히 묘했다.

하지만 애써 태연한 표정을 지으며 물었다.

"토머스 모어가 그렇게 대단한 학자였나요?"

"누님 말로는 그렇다더군. 뭐라더라, 희한한 책도 썼다던데."

"《유토피아(Utopia)》 말씀이군요."

"오, 맞소,《유토피아》."

"왕자님은 읽어 보셨습니까?"

그러자 왕자는 살짝 얼굴을 붉히며 답했다.

"아니. 실은 부왕께 눈치가 보여서 아직 읽지 못했소. 어쨌든 부왕이 처형한 인물이니까⋯⋯. 엘리자베스 누님도 몰래 읽었다고 했소."

모어가 말없이 웃기만 하자 왕자가 다시 물었다.

"그대는 읽어 보았소? 그《유토피아》라는 책."

"네, 전 아주 오래전에 읽었습니다."

"그렇소? 그럼 모어 경도 만나 보셨소?"

모어는 몹시 당황해서 급히 답했다.

"아뇨, 잘 모릅니다. 토머스 모어는 잘 모릅니다."

그러자 왕자는 살짝 실망한 듯했다.

"아, 그렇소? 아까 얘기 들어 보니 크롬웰도 잘 아는 것 같던데."

"네. 크롬웰은 좀 압니다만, 모어는 전혀 모릅니다."

"흠⋯⋯."

묘하다는 표정으로 한동안 모어의 얼굴을 올려다보던 왕자가 말했다.

"그나저나 토머스, 그대는 정말 많은 토머스들을 알고 있구려. 그런데 정작 그대의 성은 무엇이오?"

토머스 모어는 또 당황하고 말았다. 뭐라고 둘러대지? 문득 그의 머릿속에 떠오르는 것이 있었다.

"히슬로드[6]입니다."

"히슬로드? 히슬로드라……. 굉장히 특이한 성이군!"

"네. 아마 제 조상들은 먼 외국에서 온 모양입니다."

"그렇구려. 토머스 히슬로드. 내 앞으로 그대를 히슬로드 경이라 부르겠소."

[3] 토머스 울지(Thomas Wolsey, 1475~1530): 가난한 집안 출신으로, 옥스퍼드 대학에서 신학을 전공하고 성직자의 길을 걸었다. 헨리 7세에게 발탁됐으며, 헨리 8세 때에는 최측근으로 중용받았다. 탁월한 업무 처리 능력과 주도면밀한 성격으로 엄청난 권력을 손에 쥐어 '또 하나의 왕'이라 불리기까지 했으나, 헨리 8세의 이혼 문제에 반대하는 입장을 취하다 숙청된 후 우울함에 빠진 채 사망했다.

[4] 토머스 불린(Thomas Boleyn; 1477~1539): 헨리 8세의 두 번째 왕비이자 엘리자베스 1세의 어머니로 유명한 '천일의 앤', 앤 불린의 아버지. 헨리 8세의 중용을 받은 뛰어난 외교관이었다. 특히 1520년 무렵 프랑스에 대사로 있으면서 백년전쟁(1337~1453) 이후 극도로 악화되었던 양국의 관계를 크게 개선하여 '황금천 들판의 회담(1520)'을 성사시켰다.

[5] 토머스 크롬웰(Thomas Cromwell; 1485~1540): 중산층 출신의 법관으로 울지 추기경에 의해 발탁되어 헨리 8세의 총신이 된 인물이다. 울지 추기경이나 토머스 모어와는 달리 왕의 이혼과 재혼 문제에도 적극 협력하여 큰 신임을 얻었다. 그러나 지나친 권모술수와 노골적인 탐욕으로 인해 정적을 많이 만들었다. 결국 노포크 공작을 비롯한 정적들의 공격으로 왕의 신임을 잃고 런던 탑에 감금당했다가 참수형에 처해졌다.

[6] 《유토피아》의 등장인물인 라파엘 히슬로다에우스(Raphael Hythlodaeus)에서 딴 것. 히슬로다에우스는 '농담의 명수'라는 뜻이다.

2

왕자,
헨던을 만나다

이후 둘은 잠시 어두운 골목을 걸었다. 왕자는 어쩌다가 거지 톰 캔티와 신분이 바뀌었는지 울먹이며 설명했다. 이 황당한 이야기를 히슬로드는 마치 다 알고 있다는 듯 별로 놀라는 기색 없이 들었다.

그러던 중 문득 왕자가 질문을 던졌다.

"그런데 히슬로드 경, 우리는 어디로 가는 거요?"

히슬로드, 아니 모어는 곤혹스러운 표정으로 왕자의 천진한 얼굴을 보며 답했다.

"글쎄요……."

"글쎄라니? 경은 나를 아무 생각도 없이 이끌고 있단 말인가?"

모어는 잠시 왕자의 얼굴을 물끄러미 바라보며 생각에 잠겼다.

'아버지를 닮아 과연 총명하구나. 아버지와 달리 어진 성품도 갖추고 있다면 좋을 터인데.'

"물론, 아무 생각도 없지는 않습니다."

"그럼 무슨 생각을 하고 있소?"

"귀인을 찾아야겠다는 생각을 하고 있습니다."

"귀인이라니? 그게 누구요?"

모어는 쓴웃음을 지으며 답했다.

"그건 아직 모릅니다."

이 어처구니없는 말에 왕자는 분통을 터트렸다.

"지금 나를 조롱하는 건가!"

"천만의 말씀입니다. 전하. 사실 저는 십 년 넘게 아주 먼 곳에 나가 있다가 얼마 전에야 돌아왔습니다. 게다가 관직에서 물러난 지 오래라 이 런던에는 아는 사람도 없습니다. 그래서…….."

그때 왕자가 들뜬 목소리로 모어의 말을 끊었다.

"역시 그렇군! 내 그대가 관직에 있었으리라 짐작했지. 평범한 인물은 아니라 생각했소. 어떤 자리에 있었소?"

당황한 모어가 약간 망설이다 답했다.

"법관이었습니다."

"그렇군. 언제 물러났소?"

"아주 오래전입니다. 왕자님이 태어나시기 전의 일입니다."

"정말 오래전이군. 그런데 왜 그만둔 거요?"

모어는 또 어두운 표정으로 말이 없었다. 예상치 못한 침묵에 당황한 왕자는 눈만 깜빡거리고 있었다. 그걸 눈치챈 모어가 한숨을 쉬며 말했다.

"무서워서 그랬습니다."

"무엇이?"

"당시 국왕 폐하께서 수장령[7]을 선포하시고, 또 이혼과 재혼을 반복하시는 과정에서 주변의 많은 반발을 샀습니다. 그때 많은 이들이 목숨을 잃었습니다."

왕자의 표정도 어두워졌다. 이윽고 침통한 목소리로 말했다.

"그랬다지……. 나도 들어서 알고 있소. 그러면 그대도 목숨을 잃을까 두려웠던 거요?"

"그렇습니다. 대법관 토머스 모어 경이 런던 탑에 갇힐 때쯤 떠났습니다."

왕자는 이 말에 그대는 법관이었다면서 어찌 당시의 대법관 모어 경을 모를 수 있냐고 물으려다 그만뒀다. 문득 이 히슬로드라는 사람은 사실 모어 경이 매우 아낀 부하였고, 따라서 이 사람으로서는 모어 경을 버려두고 도망쳤던 것이 괴롭고도 숨기고픈 일일 수도 있다는 생각이 들었기 때문이다. 토머스 모어를 모른다고 할 때의 당황한 기색과 지금의 어두운 표정은 왕자에게 확신을 주었다. 왕자는 더 이상 히슬로드를 괴롭히고 싶지 않았으므로, 얼른 화제를 돌렸다.

"아참, 그런데 말이오. 그대는 런던에 아는 사람도 없다면서 어떻게 귀인을 만난단 말이오?"

그러자 히슬로드, 아니 모어는 여유로운 미소를 지으며 답했다.

"운에 맡겨야지요, 전하."

"뭐요?"

"전하, 원래 나쁜 일을 겪으면 좋은 일이 생기게 마련이고, 나쁜 놈들을 몇 명 만나면 의로운 사람도 만나게 마련입니다."

"허허."

너무 황당한 모어의 주장에 왕자는 헛웃음이 나왔다. 그러나 모어는 진지하게 말을 이었다.

"전하, 저 모퉁이 쪽을 보십시오. 사람들이 있습니다."

그가 가리키는 곳을 보자, 불빛이 어른거리는 곳에서 사람들이 웅성거리고 있었다.

"저곳으로 가면 혹시 어떤 좋은 사람을 만나게 될지도 모릅니다."

제발 그랬으면 좋겠다고 왕자는 속으로 생각했지만 굳이 입 밖으로 꺼내지는 않았다. 그저 묵묵히 모어를 따라 걸을 뿐이었다. 그리고 모퉁이를 돌아나가 다시 사람들이 북적이는 광장에 합류했다. 사람들이 크게 외치는 소리가 들려왔다.

"국왕 폐하께서 승하하셨다!"

왕자는 순간 자신의 귀를 의심했지만, 사람들은 분명 그렇게 외치고 있었다. 왕자는 모어의 얼굴을 올려다봤다. 그는 많이 놀란 것 같진 않지만, 매우 복잡한 표정으로 자신을 내려다보고 있었다.

"부왕께서 돌아가셨다는데?"

왕자는 절망적으로 물었다. 모어는 착잡한 목소리로 답했다.

"네, 저도 들었습니다."

왕자는 울상이 되었다. 그때였다. 누군가 큰 소리로 외쳤다.

"헨리 8세가 죽었다! 이제 피의 통치는 끝났다!"

"네 이놈! 이 무엄한 놈!"

모어가 말릴 틈도 없이 왕자의 입에서 어마어마한 호통 소리가 터져 나왔다. 저렇게 작은 몸에서 나왔으리라 믿어지지 않는 쩌렁쩌렁한 소리였다. 왕자의 눈에서는 눈물이 샘솟듯 흐르고 있었다. 호통을 들은 남자를 비롯해 주변 사람들은 더러 웃기도 하고 더러 혀를 차기도 했지만, 욕하거나 화내는 사람은 없었다. 왕자가 너무 슬피 울고 있었기 때문이다. 모어도 어찌할 바를 몰라 그저 우두커니 서 있었다. 그때 어떤 남자가 왕자의 팔을 우악스럽게 붙잡으며 욕설을 내뱉었다.

"아, 이 미친 자식이 여기서 이러고 있네!"

그는 톰의 아버지 존 캔티였다.

"이 망할 자식이 제 아비도 몰라보는 주제에, 까짓 왕이 돼졌다고 질질 짜는 꼴이라니!"

난생처음 들어보는 불경스러운 말에 왕자는 너무 놀라 말문이 막혀버렸다. 존 캔티는 치밀어 오르는 짜증을 억누를 수가 없는지 오른손을 번쩍 쳐들어 왕자의 따귀를 때리려 했다. 모어가 이를 말리려고 양손을 내뻗자, 그는 모어에게도 으르렁거렸다.

"뭐야, 또 이 창백한 영감탱이는? 댁도 뒈지고 싶수?"

"그 애를 놓아주시오."

모어가 점잖게 타일렀지만, 존 캔티는 콧방귀도 뀌지 않았다. 그때였다.

"그 애를 놓아주시오."

똑같은 말이었지만, 목소리가 달랐다. 중저음의 젊은 목소리였다. 존 캔티는 목소리의 주인을 찾아 두리번거렸고, 금세 찾을 수 있었다. 서른쯤 되어 보이는 건장한 사내가 허리에 찬 장검의 손잡이에 오른손을 얹은 채 못마땅한 표정으로 자신을 노려보고 있었다.

"앤 내 아들이야."

기가 죽은 존 캔티가 변명처럼 말했다.

"거짓말이오!"

왕자가 재빨리 새된 소리로 외쳤다.

"이 자식이!"

캔티는 성난 얼굴로 왕자를 돌아봤다. 사내는 난감한 표정을 짓더니, 문득 모어를 향해 물었다.

"저 아이가 정말 이자의 아들이오?"

모어가 가만히 웃으며 답했다.

"아마 아닐 거요."

"뭐, 이 미친 늙은이가?"

캔티는 왈칵 성을 내며 모어를 한 대 후려칠 기세였다.

"어허, 이봐."

사내가 나직이 캔티를 만류했다.

"난 자네 같은 불한당보다는 이 점잖아 보이는 어른의 말을 믿겠네. 이만 물러가지."

그러나 악에 받친 캔티는 왕자를 끌어당기며 을러댔다.

"허! 싫다면 어쩔 테냐!"

그러자 사내는 칼 손잡이를 두드리며 무서운 목소리로 말했다.

"그럼 아마 네놈은 꼬치에 꿰인 거위 고기 신세가 될 거다."

기가 죽은 캔티가 왕자를 놓고 두어 걸음 물러섰다.

"잘 들어 둬. 이 아이는 내가 보호하겠다. 사실 난 네가 이 아이의 아비건 말건 상관없어. 단지 짐승 같은 네놈 손에 애를 맡기기가 싫을 뿐이지. 그러니 냉큼 사라져. 난 그리 인내심이 강한 편이 아니거든."

그러자 존 캔티는 저주와 욕설의 말을 우물거리며 군중 속으로 사라져 갔다. 사내는 칼 손잡이를 두드리며 그 모습을 지켜봤다. 모어는 슬며시 왕자에게 다가가 조용히 속삭였다.

"보십시오, 전하. 귀인을 만날 거라 하지 않았습니까."

[7] 잉글랜드의 모든 교회는 국왕을 수장으로 한다는 1534년의 칙령.

3

모어,
전쟁에 관해
논하다

존 캔티의 모습이 완전히 사라지자, 사내가 왕자에게 말을 건넸다.

"꼬마야, 괜찮니?"

사내가 하대하자 왕자는 내심 불쾌했지만, 방금 도움을 받은 터라 화는 내지 못하고 쏘아붙이듯 답했다.

"괜찮다."

뜻밖의 퉁명스런 대답에 당황한 사내는 잠시 말을 잊었다가 다시 물었다.

"그런데 넌 누구니?"

그러자 한결 더 퉁명스런 대답이 돌아왔다.

"무엄한 놈, 네 신분부터 밝히거라."

기가 막힌 사내는 모어에게 질문을 던졌다.

"어르신, 얘는 대체 뭐하는 앱니까?"

모어는 빙긋이 웃으며 답했다.

"그냥 직접 물어보시오. 그리고 기왕이면 당신 이름부터 밝히기를 권하고 싶소."

사내는 어이없다는 듯 웃으면서도 왕자에게 상냥하게 말했다.

"내 이름은 마일즈 헨던이란다."

왕자는 여전히 표정을 풀지 않고 말했다.

"신분은?"

"뭐? 하하하. 먼 시골의 하급 귀족 출신이란다. 자, 넌 누구지?"

그러자 왕자는 작은 어깨를 쭉 펴며 당당한 태도로 말했다.

"나는 이 나라 잉글랜드의 왕자, 웨일스 대공 에드워드다."

너무 기가 막혀서 헨던은 말을 잃었다. 그는 왕자의 당당한 얼굴
과 남루한 옷차림을 번갈아 살펴보더니, 이내 난감한 표정으로 모어
를 쳐다봤다. 이윽고 떨떠름한 목소리로 "아아, 그래."라고 한 뒤, 모
어에게 다가가 작은 소리로 물었다.

"저 애는 도대체 뭡니까? 왜 저런 해괴한 소리를 하는 거죠?"

모어는 난처한 웃음을 지으며 답했다.

"글쎄요……. 일단 저 애가 거짓말쟁이는 아니라고만 해 두겠소."

"엥? 그럼 거짓말이 아니란 말입니까?"

잠시 생각에 잠겼던 헨던이 뭔가 깨달았다는 표정을 짓더니, 왕
자 쪽을 슬며시 쳐다보고는 모어의 귀에 더욱 작은 소리로 속삭였다.

"아하! 그럼 혹시 저 애 머리가……."

모어는 말없이 미소만 지었다. 그 미소를 긍정의 의미로 해석한

헨던은 나직한 신음 소리처럼 한마디 내뱉었다.

"가엾은 것!"

이 아이는 아까 그 아비에게 심하게 학대받은 나머지 돌아버린 모양이구나, 이 점잖은 노인도 아이가 가엾어서 지켜 주고 있었겠지. 여기까지 생각하자 어느새 헨던의 눈에는 눈물이 고이기 시작했다. 그는 무척 선량하고 동정심 많은 사람인 듯했다. 모어가 다가와 그의 어깨를 가볍게 두드리며 말했다.

"당신은 참 좋은 사람 같소."

"아닙니다. 어르신이야말로 정말 훌륭하십니다. 그런데 어르신 성함은 어떻게 되시지요?"

"그는 토머스 히슬로드 경이다."

헨던의 등 뒤에서 왕자가 큰 소리로 답했다. 헨던이 돌아보자 왕자는 말을 이었다.

"그는 법관까지 지냈던 유능한 인물이다. 오래전에 그만뒀지만."

헨던은 왕자를 향해 미소 지으며 말했다.

"네, 그렇군요. 알려 주셔서 감사합니다."

공손한 말투를 보건대, 헨던은 가엾은 아이의 왕자놀이에 장단을 맞춰 주기로 한 것 같았다.

"그래, 하급 귀족이라고? 영지는 어디지?"

"켄트 주 몽크스홈 근처의 헨던홀이라는 외딴 시골입니다."

"헨던홀이라. 처음 들어 보는군. 꽤나 작은 시골인가 보구먼."

헨던이 킥킥 웃으며 말했다.

"네. 깡촌 중의 깡촌이죠."

그러자 왕자가 눈을 치켜뜨며 호통쳤다.

"깡촌이라니? 지금 뉘 앞이라고 그런 저속한 말을 쓰느냐!"

헨던은 깜짝 놀랐다.

'뭐지, 이 아이는? 뭐가 이렇게 자연스럽지? 누가 보면 진짜 왕자인 줄 알겠네!'

그러나 어느새 머리를 조아리고 사과하는 자신을 발견할 수 있었다.

"죄송합니다, 왕자님. 제가 결례를 범하고 말았습니다."

곁에서는 노인이 자꾸만 웃고 있었다. 헨던은 기분이 상했다.

'이 사람은 또 뭐야? 설마 진짜 법관 출신은 아니겠지?'

"괜찮다. 고개를 들어라. 그렇다면 그대는 헨던홀에서 오는 길인가? 그런데 아무리 하급이라 해도 명색이 귀족인 자의 옷차림이 왜 그리 남루한가?"

실제로 헨던의 옷차림은 너무 누추했다. 봐줄 만한 것이라고는 허리에 찬 장검뿐이었다. 그러나 헨던은 속으로 쓴웃음을 지었다.

'자기는 왕자라면서 이보다 더한 누더기를 걸친 주제에.'

하지만 헨던은 상냥한 미소를 지어 보이며 공손히 대답했다.

"네, 실은 헨던홀에서 바로 온 것이 아닙니다. 4년간 해외를 떠돌다가 이제 막 귀국한 참입니다."

"4년이나 외국에 나가 있었다고? 대체 무엇을 했기에?"

"저는 군인이었습니다. 2년은 전쟁터에 있었고, 그다음 2년은 포로가 되어 갇혀 지내다 얼마 전에 간신히 탈출했습니다. 지난 4년간 고향 소식도 듣지 못했고, 지금 어떻게 변해 있을지 짐작도 안 갑니다."

"정말 모진 고초를 겪었구나. 내 마음이 아프다. 내 반드시 국가를 위한 그대의 충정에 보답하겠노라. 십자가에 맹세하겠다."

그 말을 들은 헨던은 이상하게도 정말 위로가 되는 느낌이었다.

'가엾게 정신이 나가서 그렇지 본바탕은 참 착한 아이로구나.'

왕자는 모어에게 동의를 구하듯 물었다.

"히슬로드 경, 이 사람은 진정한 애국자요, 그렇지 않소?"

그러나 히슬로드, 즉 모어는 시큰둥했다.

"애국자라기보다는, 차라리 불쌍한 희생자라 해야 할 것입니다."

헨던은 기가 막혔다. 군인에게 이토록 냉소적인 사람은 처음 본 것이다. 그는 점점 화가 나기 시작했다. 그러나 왕자는 더욱 화가 나 있었다.

"그 무슨 불경한 말인가! 국왕과 국가를 위해 한 몸 바친 사람을 어찌 비웃을 수 있는가!"

하지만 모어는 아랑곳하지 않고 태연하게 말했다.

"전하, 군인이 애국자가 되려면 그가 싸운 전쟁에 올바른 명분이 있어야 합니다. 만약 명분 없는 전쟁에 나가서 싸운다면, 이겼다고 해 봤자 잔인한 약탈자가 될 뿐이고, 질 경우에는 더욱 비참한 희생자가 되고 맙니다."

헨던은 가만히 고개를 끄덕였다. 사실 그 말이 옳았던 것이다. 그러나 왕자는 더욱 화가 난 모양이었다.

"뭣이! 그럼 부왕께서 벌이신 전쟁들에 명분이 없단 말인가!"

그러나 왕자의 분노가 커질수록 모어의 목소리는 차가워졌다.

"물론입니다. 대체 선왕께서 일으킨 전쟁들에 무슨 명분이 있었습니까?"

기가 눌린 왕자가 더듬거리며 답했다.

"그야, 부, 부왕께서는……, 교, 교회의 수호자로서……."

그러나 모어는 전혀 봐주지 않았다.

"교회의 수호자라구요! 하하, 이것 참 교회의 수호자들이 너무 많군요. 지금 폐하의 동맹국인 에스파냐의 카를로스 1세[8]는 물론, 심지어 적국 프랑스의 프랑수아 1세[9]도 교회의 수호자를 자처하고 있습니다. 즉 교회의 수호자들끼리 전쟁을 벌이고 있는 것이지요. 사실상 교회의 수호자는 교황 한 명으로 족한데 말입니다."

드디어 왕자의 말문이 막혔다. 모어는 그런 왕자를 안타까운 듯 쳐다보다가 목소리를 가라앉혀 이야기를 계속했다.

"전하, 오늘날 국왕 폐하뿐 아니라 유럽의 모든 군주들이 명분 없는 전쟁을 일으키고 있습니다. 원래는 전쟁을 억제하고 평화 유지에 힘쓰는 것이 훌륭한 군주입니다. 그러나 요즘 군주들은 오로지 자신의 명예를 위해 전쟁을 일으켜 헨던 같이 선량한 백성을 희생시키기에 바쁩니다."

모어의 논리 정연한 이야기에 압도된 왕자와 헨던은 마치 학생처럼 귀를 기울였다. 모어의 이야기는 계속되었다.

"또한 전쟁을 좋아하는 군주는 항상 많은 상비군을 유지하려 합니다. 그런데 상비군은 대부분 돈을 받고 싸우는 용병들로 전쟁이 없을 때에는 무위도식하며 지낼 뿐인데, 백성들은 이들의 급료를 마련하기 위해 어마어마한 세금을 내야 합니다. 결국 상비군의 수가 많을수록 백성들의 곳간은 텅텅 비게 됩니다. 결과적으로 이들은 도적떼나 마찬가지입니다."

충격적인 이야기에 침묵하던 왕자가 문득 질문을 던졌다.

"그렇다면 어떤 전쟁이 명분 있는 전쟁이오?"

"사실 전쟁은 짐승의 일이로되 짐승보다 인간이 더 열심인 일로서, 되도록 삼가는 편이 좋습니다.[10] 전쟁을 피하기 위해서는 우방국을 많이 확보하는 게 중요합니다. 그리하면 전쟁할 일이 줄게 되고, 전쟁이 일어나면 도움을 받을 수 있습니다. 또한 우방국을 돕는 전쟁은 뚜렷한 명분이 있습니다. 그리고 피치 못해 전쟁을 하게 될 경우, 사전에 적국에게 경고를 하고 협의나 보상을 요구하는 것도 중요합니다. 그렇게 하면 우리의 명분은 더욱 확실해지니까요."

곰곰이 생각에 잠긴 왕자 대신 헨던이 물었다.

"하지만 현실적으로 전쟁을 전혀 안 할 수도 없고, 또 늘 명분 있는 전쟁만 하기도 힘듭니다. 그렇다면, 전쟁을 어떻게 하는 게 좋을까요?"

"전쟁을 함에 있어 가장 중요한 것은 자국의 인명 피해를 최소화하는 것일세."

"그 방법은 무엇이오?"

왕자가 눈을 빛내며 물었다. 모어는 미소를 지어 보이며 답했다.

"무력보다는 지혜로 싸우려 해야 합니다. 이것이 인간이 짐승과 다른 점입니다. 국고에 여유가 있다면, 국민의 피를 흘리기보다는 용병을 고용하는 것이 좋습니다. 적을 매수하는 것도 괜찮습니다. 비겁하다고 비난을 받더라도, 국민을 희생시키는 것보단 나으니까요. 국민이 있다면 돈도 명예도 되찾을 수 있지만, 국민이 없으면 아무것도 할 수 없습니다. 또한, 전쟁이 길어지면 이긴다 해도 피해가 크므로 속전속결하도록 전략을 짜야 합니다. 여하튼 무엇을 얻는가보다는 얼마나 손실을 줄이는가가 더 중요합니다."

모어가 잠시 숨을 고르느라 말을 멈추자 왕자가 다시 물었다.

"만약 군주가 전쟁을 자주 일으키고, 또 마구잡이로 싸우면 어떻게 되는 것이오?"

그러자 모어는 엄숙한 표정으로 선언하듯 말했다.

"반드시 망하고 말 겁니다. 인명 희생도 커지고 전쟁 비용도 크게 증가하기 때문입니다. 그러면 재정이 고갈되고, 결국 세금을 많이 올릴 수밖에 없습니다. 그럼 궁지에 몰린 백성들은 자포자기하여 먹고살겠다는 이유로 온갖 범죄를 저지를 것입니다. 그리되면 법치는 무너질 것이며, 법치가 무너진 국가는 반드시 망합니다."

모어의 달변에 왕자는 감탄했고, 헨던은 경악했다. 헨던은 이토록 청산유수로 말하는 사람을 처음 본 것이다.

"이거 정말 놀랍군요! 이건 마치 뭐랄까……."

헨던은 잠시 왕자의 눈치를 살폈다. 왕자는 곰곰이 생각에 잠겨 있었다. 헨던은 왕자 몰래 모어의 귓가에 속삭였다.

"이런 맙소사, 아니 진짜로 법관이셨어요?"

모어가 가만히 웃으며 답했다.

"아까 왕자님이 그렇다고 하지 않으셨나?"

"그랬죠. 그런데 저 아이는……."

"내가 저 아이는 거짓말쟁이가 아니라고 하지 않았나?"

"그것도 그랬죠. 그런데, 그러면……. 뭐가 어떻게 되는 거지……."

고개를 갸우뚱거리는 헨던을 뒤로하고 모어는 왕자에게 다가갔다. 왕자는 침울한 얼굴로 앉아 있었다. 모어는 그런 왕자에게 엄숙하게 말을 건넸다.

"전하, 정말로 국왕 폐하께서 승하하셨다면, 이제 전하가 국왕이 되시는 겁니다."

그 말에 퍼뜩 정신이 돌아온 왕자가 긴장하며 답했다.

"그렇지."

"장차 잉글랜드를 이끄실 전하께, 감히 한 말씀 더 올려도 되겠습니까?"

"이야기하시오."

"전하, 명분 없는 전쟁에서 군주보다 더 나쁜 것은 측근의 신하들입니다. 그들은 자신의 부와 명예를 위해 군주를 이용하려 듭니다. 따라서 군주가 함부로 전쟁을 일으킬 때 말리기는커녕 오히려 부추깁니다. 전하께서는 마땅히 이런 간신들을 멀리하셔야 합니다."

조용히 듣고 있던 왕자가 물었다.

"토머스 크롬웰 같은 자들 말이지?"

"아마 그럴 겁니다."

모어의 얼굴에 다시 그늘이 드리워졌다.

"잘 알겠소."

왕자는 힘없이 말했다.

"그러나 지금 내 꼴을 보시오. 이런 누더기를 걸친 채, 내가 왕자라는 사실을 믿어 주는 이는 경과 헨던 오직 둘뿐이오."

왕자의 눈에서 눈물이 샘솟듯 흘러내렸다. 왕자는 흐느끼며 말했다.

"심지어 나는 부왕의 임종조차 지키지 못했소. 이제 저 톰 캔티라는 발칙한 도둑놈이 나 대신 잉글랜드 왕위에 오르겠지. 그런데 아무리 훌륭한 조언을 들려준들, 내가 그대로 통치할 기회나 있겠소?"

그러자 모어는 마치 자애로운 할아버지처럼 왕자의 눈물을 닦고 어깨를 토닥이며 따뜻한 목소리로 말했다.

"물론입니다, 전하."

그리고 물끄러미 바라보는 왕자의 작은 얼굴을 마주보며 단호하게 말했다.

"모든 것은 언젠가 반드시 제자리를 찾게 마련입니다."

[8] 카를로스 1세(1500~1558): 유럽의 명문 합스부르크 가문 출신의 에스파냐 국왕(재위: 1516~1556)이자 신성로마제국 황제 카를 5세(1519~1556)이기도 했다. 그는 유럽식 절대왕정을 가장 먼저 선보인 강력한 군주였다.

[9] 프랑수아 1세(1494~1547): 카를로스 1세의 가장 유력한 경쟁자였던 프랑스 왕(재위: 1515~1547). 재위 기간 내내 합스부르크 세력을 견제하려 노력했다. 특히 이탈리아 북부의 지배권을 두고 카를로스 1세와 수차례 전쟁을 벌였으나 대체로 실패했다.

[10] 라틴어로 전쟁은 bellum이며, 짐승은 bellua이다. 토머스 모어는 두 단어의 발음이 비슷한 것에 착안해 《유토피아》에서 언어유희를 했다.

4

모어,
양이 사람을
잡아먹는 일에
관해 논하다

모어의 격려를 들은 왕자는 힘이 솟았다. 왕자도 헨던처럼 모어의 학식과 언변에 감복해 있었던 것이다. 왕자는 훌륭한 귀족과 관리들을 많이 봤지만, 히슬로드는 그들보다 훨씬 뛰어난 것 같았다. 때문에 왕자는 자기도 모르게 히슬로드의 말에 깊은 신뢰를 품게 되었다.

"히슬로드 경, 이제 어떻게 하면 좋겠소? 이제 어디로 가야 하오?"

모어는 특유의 잔잔한 미소를 머금은 채 되물었다.

"전하, 토끼나 여우를 사냥하려면 어디로 가야 하죠?"

"산으로 가야겠지."

"물고기를 잡으려면요?"

"그야 강이나 바다 아니겠소."

"그렇다면……."

모어는 잠시 뜸을 들였다.

"왕관을 쓰려면 어디로 가야 할까요?"

왕자는 아이답지 않은 진지한 표정이 되었다.

"궁전으로 가자는 말이군."

잠시 침묵하던 왕자가 결연히 말했다.

"좋소. 궁으로 갑시다."

그리고 헨던을 불렀다.

"이보게, 헨던! 그대는 무얼 하고 있소?"

"네? 아니, 응? 아니, 네?"

헨던은 여전히 혼란스러운 듯했다. 그러나 잠시 후 조금 정신을 수습한 말투로 말했다.

"부르셨습니까, 왕자님?"

"대체 무슨 생각을 그리 하고 있소?"

"아, 아무것도 아닙니다. 그냥 멍하니 있었습니다. 오늘은 왠지, 뭐랄까, 굉장히 피곤하네요. 죄송합니다."

"괜찮소. 자, 그대가 앞장서시오."

"네? 무슨 말씀이신지……?"

"아니 그럼 젊고 건장한 그대가 앞장서야지, 아직 어린 나나 연로한 히슬로드 경이 앞장을 서야겠소?"

"아닙니다. 그런데, 어딜 가시려고요?"

답답한 헨던에게 짜증이 났는지, 왕자가 다시 언성을 높였다.

"어디긴 어디야? 왕자가 어디로 가겠는가?"

헨던은 잠시 멍하니 있더니, 조금 어이없다는 듯 말했다.

"설마 지금, 왕궁으로 가자는 겁니까?"

"당연한 걸 왜 자꾸 물어!"

발끈하는 왕자를 못 본 척하고 헨던은 모어에게 다가갔다.

"저, 어르신, 히슬로드 님이라고 했나, 아무튼 저랑 잠시 말씀 좀 나누시죠."

그러고는 가만히 팔을 잡아끌더니, 왕자에게서 몇 발자국 멀어지자 나직하게 말했다.

"아니, 거 정말로 법관이셨는지 몰라도, 많이 배우신 분인 것 같은데, 지금 대체 뭐 하시는 겁니까?"

"내가 뭘?"

"아니 그러니까, 저 불쌍한 애를 데리고 지금 뭐 하시는 거냐고요."

"저 애가 불쌍해?"

"불쌍하죠."

"왜?"

"네? 아니, 그야⋯⋯."

"그러는 자네 자신은 안 불쌍한가?"

"네?"

"자네 자신은 안 불쌍하냐고."

헨던은 짜증이 나기 시작했다. 그러나 모어는 아랑곳 않고 말했다.

"원래 모든 사람은 다 불쌍한 거야. 그러니 예수님께서 내려오셨던 거지. 난 나 자신이 불쌍한데."

이쯤 되면 상대방은 할 말을 잃게 된다. 헨던도 그랬다. 그러나 모어는 더 심한 말을 했다.

"그러고 보면, 오늘 돌아가신 헨리 폐하도 참 불쌍한 분이셨지."

헨던은 기가 막혀 자기도 모르게 큰 소리를 냈다.

"허허, 이 양반이 참 큰일 날 양반이네!"

그때 왕자가 다가와 헨던의 손을 잡으며 말했다.

"이봐, 헨던, 큰일은 벌써 난 것 같은데."

깜짝 놀란 헨던과 모어가 돌아보니, 어두침침한 골목에서 십여 명의 사내들이 천천히 다가오는 것이 보였다. 맨 앞에 선 사람은 존 캔티였다. 자기 패거리를 몽땅 끌고 온 모양이었다.

겁에 질린 왕자는 오들오들 떨면서 헨던을 물끄러미 바라봤다. 아무래도 이럴 때 믿음직한 것은 역시 헨던이었다. 그러나 상대의 수가 너무 많았다. 왕자의 시선을 느낀 헨던이 마른 침을 꼴깍 삼키며 말했다.

"왕자님, 지금은 왕궁이고 뭐고 따질 계제가 아닙니다."

"응?"

"지금은 그냥 무작정 도망칠 때란 말입니다. 제 손을 꼭 잡으십시오. 그리고 하나 둘 셋 하면 뛰는 겁니다."

왕자는 긴장한 얼굴로 고개를 끄덕였다. 헨던은 모어를 챙기는 것도 잊지 않았다.

"히슬로드 님도 잘 따라오셔야 합니다. 아셨죠?"

모어도 말없이 고개를 끄덕였다.

"자, 그럼 가시죠. 하나 둘 셋!"

헨던과 왕자는 달리기 시작했다. 모어도 뒤따랐다. 당황한 캔티 일당은 잠시 망설이다가 우르르 쫓아오기 시작했다. 캔티 일당이 골목 깊은 곳에서 나타났으므로, 왕자 일행은 자연히 광장 쪽으로 향했다. 광장은 여전히 많은 사람들로 북적거리고 있었다. 약간 두려운 목소리로 왕자가 말했다.

"사람이 너무 많은데."

그러나 헨던은 차라리 잘되었다 싶었다. 그들은 곧 인파 속에 파묻혔다. 사람들 눈에 평범한 아버지와 아들처럼 보였으므로, 아무도 신경 쓰지 않았다. 캔티 일당은 발을 동동 굴렀으나 어쩔 도리가 없었다. 이렇게 왕자는 또 한 번의 위기를 넘겼다. 다만, 언젠가부터 모어의 모습이 보이지 않는 게 문제였다.

"히슬로드 경은 어디 갔지? 아, 그 현명한 사람이 곁에 있어야 하는데."

왕자가 안타까운 듯 탄식했다. 그러나 정말로 안타까운 사람은 헨던이었다.

'이런 젠장, 영감님은 어디 간 거야? 나 혼자 애를 데리고 대체

뭘 어떻게 해야 하나?'

그러나 왕자는 헨던의 타는 속도 모르고 히슬로드 걱정만 했다.

"설마 캔티 일당에게 잡혀서 고초를 겪고 있는 것은 아닐까?"

그 말을 들으니 헨던도 걱정이 되었다. 그러나 그를 찾아 무작정 돌아갈 수도 없는 노릇이었다. 헨던은 일단 왕자를 안심시키기로 했다.

"워낙 현명한 분이라 별일 없을 겁니다."

"그러길 바라야지. 그런데 헨던?"

"네?"

"이제 우린 어디로 가야 하오?"

모어마저 사라진 마당에 뾰족한 수가 있을 리 없었다. 헨던은 한참을 고민하다 간신히 답했다.

"전하, 가만 보니 이곳은 제가 군인이 되려고 런던으로 갈 때 지나갔던 곳 같습니다."

왕자가 다소 반색하며 물었다.

"오, 그래? 그럼 이곳 지리를 알고 있소?"

"네, 대충 기억납니다. 이쪽으로 쭉 가면 농가가 몇 채 있는 작은 마을이 나옵니다. 일단 그 마을로 피해서서 외양간에서라도 밤을 보내신 후, 내일 일은 다시 정하는 것이 좋겠습니다."

고귀한 왕자 신분으로 외양간에서 잠을 청해야 하는 현실이 서글펐지만, 이제 새삼스러울 것도 없었다. 헨던을 따라 한참 걷다 보니 작은 마을이 나왔다. 한밤중이었으므로 아주 고요했다. 잠시 살펴보던 헨던은 한 아담한 농가에 딸린 외양간으로 왕자를 이끌었다.

외양간에 들어서자 말똥인지 소똥인지의 고약한 냄새가 왕자의 고귀한 코를 자극했지만, 못 견딜 정도는 아니었다. 다행히 그 외양간은 비교적 깔끔한 편이었다. 게다가 왕자는 지금 냄새 따위에 신경 쓸 입장이 아니었다. 오늘 낮에 톰 캔티를 만난 후로 왕자는 몹시 고된 하루를 보냈기에, 누워서 쉴 수만 있다면 어디든 만족할 처지였다. 게다가 헨던이 어느새 지푸라기로 비교적 아늑한 잠자리까지 마련해 줬다. 왕자는 진심으로 감탄했다.

"훌륭한 솜씨로군. 군대에서 배운 거요?"

"그렇습니다, 전하. 사실 병사들은 이보다 더 열악한 곳에서도 잘 잡니다. 누추하지만 잠을 좀 청하시죠."

"고맙소. 그대의 정성을 결코 잊지 않으리다."

'애가 착하긴 참 착해.'

헨던은 무의식중에 흐뭇한 미소를 짓는 자신을 발견했다. 이 아이에게 고맙단 말을 들으니 마치 진짜 왕자에게 칭찬을 받은 듯 마음이 뿌듯했다. 참 신기한 아이라는 생각이 들었다. 그는 이 아이를 끝까지 잘 보살펴 줘야겠다고 결심했다.

그때였다. 삐걱 하고 외양간 문이 열리는 소리가 들려왔다. 헨던은 물론 막 잠에 들려던 왕자도 깜짝 놀라 눈을 크게 뜨고 숨죽였다. 이윽고 한 남자가 외양간에 들어와 두리번거렸다. 혹시 존 캔티가 여기까지 찾아온 것일까? 헨던은 숨죽인 채 조용히 칼자루에 손을 가져갔다. 그때 그 정체불명의 남자가 입을 열었다.

"헨던, 헨던, 여기 있나?"

귀에 익은 목소리였다. 왕자가 반가운 마음에 그의 이름을 불렀다.

"히슬로드 경?"

그랬다. 그는 정말로 히슬로드, 즉 모어였다.

"왕자님."

모어는 웃으며 다가왔다. 왕자와 헨던은 놀랍고도 기뻐서 각자 모어의 손을 덥석 잡았다. 헨던이 마주 웃으며 물었다.

"아니, 히슬로드 님, 우리가 여기 있는 걸 어떻게 아셨습니까?"

"그냥 뭐……. 놈들을 따돌린 후, 당신들이 갔으리라 짐작되는 쪽으로 가다 보니, 숨을 만한 작은 마을이 나오고, 또 아담한 농가가 보이더군. 그리고 밤에 사람들을 깨울 수 없으니 외양간에 있지 않을까 짐작했다네."

헨던이 놀라운 듯 한숨을 내쉬며 말했다.

"하, 놈들이 당신처럼 현명하지 않기를 바라야겠군요."

모어는 빙글빙글 웃으며 아마 그렇진 않을 거라고 하더니, 왕자를 돌아보며 잠을 좀 자 두라고 권했다. 왕자는 좀처럼 잠이 오지 않는다고 하더니, 헨던을 돌아보며 변명하듯 말했다.

"그대가 만들어 준 자리가 불편한 건 아니지만 잠자리가 바뀌면 잠을 잘 못 자서……."

헨던은 말없이 웃어 주었다. 모어가 문득 한 마리 작은 송아지를 왕자 곁으로 데려왔다.

"이 송아지 곁에서 주무십시오. 조금은 아늑한 기분이 들 겁니다."

왕자는 모어의 말을 따랐다. 그의 말은 옳았다. 송아지의 따뜻한 체온을 느끼며 왕자는 어느새 새근새근 잠이 들었다.

헨던은 밤을 샐 모양이었다. 혹시 존 캔티가 찾아오지 않는지 군인답게 경계를 서려는 것 같았다. 그런 헨던에게 모어가 부드러운 목소리로 권했다.

"늙은이는 잠이 없지. 경계는 내가 설 테니 자네도 눈 좀 붙이게."

"아니, 히슬로드 님도 피곤하실 텐데요?"

"아냐, 난 정말로 잠이 없다네. 그냥 주무시게."

결국 모어가 경계를 서기로 했다. 헨던은 왕자 곁에 가서 누웠다. 그리고 순식간에 잠들었다.

다시 날이 밝았다. 헨던이 먼저 일어나서 모어가 전혀 피곤한 기색이 없는 모습을 보고 매우 놀랐다.

'아니, 아무리 잠이 없기로서니, 어찌 저리 아무렇지도 않지?'

그가 의아해하는 가운데 왕자가 잠에서 깼다. 그리고 주변을 돌아보더니 금세 침울한 얼굴이 되었다. 잠에서 깨어나면 다시 왕궁이기를 바란 모양이었다. 그러나 곧 평온을 되찾고 모어에게 말했다.

"그대 말대로 송아지 옆에서 자니 아주 달게 잘 수 있었소."

모어는 언제나처럼 웃는 얼굴로 답했다.

"다행입니다, 전하."

"나는 송아지가 참 좋아."

왕자도 웃는 얼굴로 말했다.

"그런데, 양이었으면 더 좋았을 텐데. 양은 더 푹신푹신할 테니까 말이야."

그러자 모어가 천만뜻밖의 말을 했다.

"전하, 요즘 양들은 매우 무섭습니다."

"그게 대체 무슨 말이오? 양이 무섭다니?"

왕자가 깜짝 놀라 물었다. 곁에 있던 헨던도 황당해서 눈이 휘둥그레졌다.

"원래 양들은 온순하고 많이 먹지도 않습니다. 그런데 오늘날 잉글랜드의 양들은 사나워지고 게걸스러워져서 사람을 잡아먹을 정도라 합니다. 양들이 토지며 가옥이며 도시를 황폐화시켜 사람들을 몰아내고 있습니다."

왕자는 잠에서 깨자마자 어려운 말을 잔뜩 들으니 정신을 차릴 수가 없었다. 그러나 헨던은 대충 무슨 소린지 알아들은 모양이었다.

"인클로저[11] 말씀인가 보군요."

"그렇다네."

모어가 웃으며 헨던을 돌아봤다. 왕자도 그제야 감이 잡힌 듯 천천히 고개를 끄덕였다.

"전하, 귀족이나 부유한 시민, 수도원장 같은 대토지 소유자들은 원래 남는 땅을 농민들에게 빌려줘 농사를 짓게 했었습니다. 그러나 수십 년 전부터 양털 값이 오르자, 농지에 울타리를 치고 농민들의 집을 헐고 마을을 철거했습니다. 그리고 오로지 양만 키웠지요. 이는 사람 사는 세상을 야생 상태로 돌려놓은 것입니다. 심지어 양을 키울 땅을 넓히기 위해 가난한 농민들이 갖고 있던 약간의 토지마저 반강제로 빼앗습니다. 결국 양을 키우기 위해 땅에서 사람들을 내몬 것이죠. 그래서 제가 양이 사람을 잡아먹는다고 한 것입니다."

너무 빨리 말을 했는지, 모어는 여기서 잠시 말을 끊고 호흡을 골랐다. 그 틈을 놓치지 않고 왕자가 질문했다.

"그러면 농사짓던 사람들을 내쫓는 대신 양을 키우게 하면 되지 않소?"

그러자 헨던이 그 정도 이치는 자기도 알고 있다는 듯 끼어들었다.

"수십, 수백 명이 농사짓던 땅에 양을 키우면 목동 한두 명으로 충분합니다. 결국 원래 농사짓던 자들은 필요 없어지는 거죠."

왕자가 고개를 끄덕이며 물었다.

"그럼 그렇게 땅에서 쫓겨난 농민들은 어떻게 되는 거요?"

모어가 이야기를 계속했다.

"그들은 어디로 가야 할지도 모른 채 정든 고향을 떠납니다. 급히 떠나느라 변변찮은 살림살이마저 헐값에 처분해 푼돈만 지닌 채 떠나게 마련이죠. 일자리를 찾아 도시로 가지만, 농사만 짓던 이들이 어찌 좋은 일자리를 구할 수 있겠습니까? 결국 낮은 품삯을 받으며 막일을 할 뿐입니다. 게다가, 농사지을 때는 적어도 자기네 먹을거리는 스스로 생산해서 입에 풀칠은 할 수 있었는데, 도시에 가면 식량을 사 먹어야 합니다. 그런데 더 심각한 문제는, 농지가 대부분 양 방목지로 바뀌는 바람에 곡식이 귀해져 값이 크게 올랐다는 겁니다. 결국 도시로 간 사람들은 뼈 빠지게 일해 봤자 하루치 식량을 구하기도 힘든 형편입니다."

이야기를 듣던 왕자의 입에서 자기도 모르게 한숨이 나왔다.

"결국 그들은 한동안 힘들게 버티다가 푼돈마저 다 떨어지면 구걸하거나 범죄를 저지르는 부랑자가 되곤 합니다. 존 캔티와 그 일당도 원래는 선량한 농민들이었을지도 모릅니다. 어쩌면 그들 또한 양들에게 잡아먹힌 가엾은 사람들일 수도 있다는 말씀이지요."

모어의 이야기를 들으며 헨던의 마음도 무거워졌지만, 왕자가 받은 충격은 실로 컸다. 그는 이런 끔찍한 이야기를 처음 들었던 것이다.

"왜 내 스승이나 측근들은 이런 이야기를 해 주지 않았을까?"

"그건 아마 아직 어린 전하께서 듣기에는 너무 어둡고 무거운 주제이기 때문일 겁니다."

"그래도 나는 경처럼 이런 이야기도 들려주는 사람이 곁에 있었으면 좋겠소."

모어는 왕자를 대견한 듯 바라보며 미소 띤 얼굴로 답례했다.

"과분한 말씀입니다, 전하."

헨던은 또 혼란스러워졌다. 마치 저들은 진짜 왕자와 신하처럼 대화하고 있지 않은가! 정신이 온전치 않은 아이야 그렇다 쳐도, 히슬로드라는 노인마저 신하 노릇을 하다니? 그러나 헨던은 더 고민하지 않기로 했다. 어차피 저 아이를 보살펴 주기로 마음먹었기 때문이다. 그는 훌륭한 군인답게 뛰어난 결단력과 실천력을 겸비하고 있었다.

헨던의 심경과 상관없이 왕자와 모어의 대화는 이어졌다.

"히슬로드 경, 그러면 농지를 방목지로 바꿔 큰돈을 번 귀족이나 부유한 시민들이 가엾은 농민들을 좀 도와주면 되지 않겠소?"

어린아이다운 순진한 질문에 모어는 쓴웃음을 지으며 답했다.

"전하, 인간의 이기심은 끝이 없습니다. 큰 부를 축적하면 그에 만족하기보다는 더 큰 부를 획득하려고 애쓰게 마련입니다. 따라서 부자들은 더 큰돈을 버는 데만 관심이 있을 뿐, 가련한 농민들을 위할 생각은 전혀 없습니다."

모어의 냉담한 말에 왕자는 풀이 죽었다.

"그 뿐만이 아닙니다. 부자들이 양 키우기에 몰두하면서 소 값이 크게 올랐습니다. 소 대신 양만 키워서 소가 귀해진 것입니다. 이 것은 아직 농사짓는 사람들에게 또 하나의 큰 고통이 되었습니다. 소야말로 정말 유익한 동물입니다. 양과 달리 소는 일을 하기 때문입니다. 그러나 소 값이 크게 오르는 바람에 농민들은 농사짓기도 힘들어졌습니다."

모어의 이야기를 들으며 곁의 송아지를 물끄러미 바라보던 왕자가 또 다른 질문을 했다.

"그래도 양을 많이 키우면 양털 값이 내려 옷값이 싸질 테니, 좋은 점도 있는 것 아니오?"

그러나 왕자의 예상은 또 현실과 달랐다.

"그렇지 않습니다. 양의 수가 아무리 불어나도 양털 값은 내리지 않고, 따라서 옷값도 내리지 않습니다."

"그건 왜 그렇소? 아까 곡식이 귀해져 곡식 값이 오르고, 소가 귀해져 소 값이 올랐다고 하지 않았소? 귀해서 값이 오른다면, 흔하면 값이 내려야 마땅한 것 아니오?"

"전하께서는 정말로 총명하시군요."

모어는 왕자에게 진심 어린 찬사를 바친 후 되물었다.

"전하는 혹시 독점이나 과점이란 말을 들어 보셨습니까?"

"들어 본 적은 있는데, 무슨 뜻인지는 잘 모르오."

모어가 헨던을 돌아보며 말했다.

"헨던, 이건 자네가 좀 설명해 드리게나."

"그러지요. 왕자님, '독점'이란 한 사람이 시장을 통째로 장악한 것이고, '과점'은 소수의 사람들이 시장을 함께 지배하는 겁니다."

"아아, 그런 거였군. 고맙소, 헨던."

"천만의 말씀입니다, 왕자님."

치하의 말을 들은 헨던은 황급히 손사래 쳤다. 그리고 이상한 기분이 들었다.

'뭐지, 마치 진짜 왕자님을 대하는 기분이잖아? 정신 나간 애랑 같이 다니다 나까지 이상해졌나?'

혼란스러워 하는 헨던을 외면하고, 모어가 이야기를 이어받았다.

"전하, 지금 잉글랜드의 양털 시장은 전형적인 과점 현상이 나타나고 있습니다. 극소수의 큰 목장 주인들이 양털 시장을 꽉 잡고 있기 때문입니다. 그들은 워낙 부유하기 때문에 양털을 팔고 싶지 않으면 팔지 않고, 팔고 싶을 때 마음대로 팔 수 있습니다. 그들은 양털값이 싸면 안 팔고 기다렸다가 비싸지면 팝니다. 때문에 양털이 아무리 흔해도 옷값은 싸지 않고, 가난한 이들은 옛날보다 더 비싸게 옷을 사 입어야 합니다. 그러나 그들은 돈이 없죠. 요즘 많은 사람이 옛

날보다 더 헐벗고 다니는 것은 그런 이유 때문입니다."

왕자가 탄식했다.

"슬픈 일이군."

"이처럼 가난한 사람들이 겪는 고통과는 또 다른, 어쩌면 더 심각한 문제가 부자들에게 나타나고 있습니다."

"그건 또 무엇이오?"

"사치입니다."

"사치?"

"그렇습니다. 부자들이 공익을 무시하고 사치 부리는 데만 열중해 가난한 이들의 결핍과 고통을 더욱 악화시키고 있습니다. 귀족뿐 아니라 장사치들, 그리고 부농들까지 화려한 옷차림과 식도락에 빠져 있습니다. 검소하고 부지런한 농민들이 살던 마을에 이제는 술집, 유곽, 매음굴이 널려 있습니다. 그리고 그런 곳에서는 주사위, 딱지, 구슬 등을 가지고 온갖 도박이 벌어집니다. 그런데 도박으로 돈을 탕진한 자들은 돈을 마련하기 위해 가난한 이들을 더욱 쥐어짜며 범죄마저 저지릅니다. 이런 나라를 어찌 건강한 나라라 할 수 있겠습니까?"

왕자가 다소 질린 기색으로 물었다.

"그러면 장차 어찌 해야겠소? 그런 자들을 붙잡아다가 호된 벌을 내리면 되겠소?"

그러나 모어는 천천히 고개를 가로저으며 말했다.

4

모어, 양의 사람을 잡아먹는 일에 관해 논하다

"그렇게 하면 아주 일시적인 효과를 볼 뿐입니다. 가혹한 형벌은 오히려 장기적으로 악영향이 생길 가능성이 더 큽니다. 그 이유는 나중에 또 말씀드리겠습니다. 아무튼 사치의 폐해에 대해서는 더 근본적인 대책을 세워야 합니다."

"근본적인 대책이란 무엇이겠소?"

"옛 마을들을 이토록 몹쓸 곳으로 만든 장본인들, 즉 양을 키워 부당한 이득을 취한 이들에게 마을들을 복구하도록 시켜야 합니다. 아니면, 국가에서 복구하는 데 쓸 수 있도록 그들로부터 막대한 세금을 거둬들여야 합니다. 또한, 부자들의 독점과 과점을 제한하고 단속해야 합니다. 그리하여 한가롭게 먹고 노는 자들의 수를 줄여야 합니다. 그러려면 먼저 농업을 부활시키고 양털 산업을 정직한 장사로 되돌려야 합니다. 그리하면 사치 때문에 타락하거나 가난 때문에 범죄자가 되는 것을 방지할 수 있고, 이는 장차 우리 잉글랜드의 국익에 큰 도움이 될 것입니다."

구구절절 옳은 말이었다. 왕자와 헨던은 감탄하여 연신 고개를 끄덕였다. 그런데 헨던은 한편으로 점점 의아해졌다. 히슬로드의 이야기를 들어 보니, 그는 평범한 법관 정도가 아니라 최고 수준의 지식인 같았다. 그런 그가 누더기를 걸친 정신 나간 아이에게 왜 이토록 공들여 심각하고 어려운 이야기를 들려주는 것일까?

소년의 태도도 이상했다. 단순히 왕자놀이에 빠진 가난한 집 아이라면, 관심도 없고 이해도 못할 이야기들을 기꺼이 들을 뿐더러 대충 이해하는 듯했다. 평범한 여염집 아이치고는 너무 비범한 식견을 갖고 있었다. 헨던은 점점 혼란스러워졌다.

그러나 모어와 왕자는 태연히 대화를 이어 갔다.

"전하, 혹시 농민들을 직접 만난 적이 있으십니까?"

"부왕을 따라 사냥 갈 때 몇 번 본 적이 있소."

"아니, 그런 것 말구요. 정말로 그들이 사는 모습을 제대로 보신 적이 있습니까?"

"아직 없소."

그러자 히슬로드 경은 빙긋 웃으며 자리에서 일어났다.

"그럼 오늘 보시면 되겠군요."

[11] 인클로저: 15~16세기 영국의 농촌에서 토지에 작물을 키우는 대신 양을 키웠던 현상. 인클로저(Enclosure)는 '울타리를 친다'는 뜻으로, 농지를 방목지로 바꿈을 의미한다. 당시 정부는 곡물 생산 저하를 막기 위해 여러 차례 금지령을 내렸으나 실효를 거두지는 못했다.

5

왕자,
농민들에게
아침을
얻어먹다

모어는 성큼성큼 걸어가 외양간 문을 열었다. 그러자 눈부신 햇살이 쏟아져 들어왔다. 그는 누군가에게 인사말을 건넸다.

"애들아, 안녕?"

밖에 누가 있는 모양이었다. 궁금증을 못 이긴 왕자와 헨던도 모어 뒤에서 조심스레 밖을 내다보았다. 어린 여자아이 둘이 깜짝 놀라 눈을 휘둥그레 뜨고 우두커니 서 있었다. 한 명은 왕자와 비슷한 나이로 보였고, 또 한 명은 그보다 두어 살 어려 보였다. 또래 아이들을 본 왕자는 반가운 마음이 들어 문 밖으로 나갔다. 처음 보는 늙수그레한 아저씨가 자기네 외양간에서 나오자 놀랍고 무서워 석고상처럼 뻣뻣하게 서 있던 소녀들도 또래의 소년을 보니 두려움 대신 호기심이 발동한 모양이었다. 소녀들은 자기들끼리 조잘거리기 시작했다.

언니로 보이는 아이가 먼저 말했다.

"쟤 되게 예쁘장하게 생겼는데."

동생이 덧붙였다.

"머리카락도 예뻐."

"그런데 옷은 되게 후지네."

꼬마 아가씨들이 종알거리는 소리를 듣자 헨던은 자기도 모르게 웃음이 나왔다.

소녀들은 천천히 왕자에게 다가와 요리조리 살펴봤다. 마치 신기한 동물 구경이라도 하는 것 같았다. 잠시 두 아저씨의 눈치를 보기도 했지만, 모어와 헨던이 흐뭇한 미소를 지은 채 별말이 없자 경계심을 거의 거둔 것 같았다. 언니가 왕자에게 물었다.

"애, 넌 누구니?"

왕자가 엄숙하게 답했다.

"난 왕자다. 곧 왕이 될 몸이다."

소녀들은 깜짝 놀란 표정으로 다시 왕자를 봤다. 이번엔 동생이 물었다.

"왕자? 어느 나라 왕자?"

왕자는 약간 귀찮은 듯한 말투로 답했다.

"어느 나라겠느냐? 당연히 잉글랜드지. 난 웨일스 대공 에드워드다."

자기네 외양간에 누더기 왕자가 나타난다는 것은 말도 안 되는 일이지만, 왕자가 하도 당당하게 말하니까 소녀들은 믿음이 가는 모양이었다. 아주 순진한 아이들이었다. 동생이 다시 물었다.

"그럼 뒤에 있는 아저씨들은 누구야?"

"아, 내 수행원들이라 할 수 있지. 노인은 히슬로드 경, 아주 현명한 사람이야. 그리고 젊은이는 헨던, 꽤 용감한 친구지. 자, 인사들 나누게."

모어와 헨던은 웃음을 간신히 참고 있던 중이었다. 귀엽고 사랑스러운 세 아이가 진지하게 대화를 나누는 모습이 마치 유쾌한 희극의 한 장면 같았다. 그들은 웃음을 억누르며 꼬마 아가씨들에게 인사말을 건넸다.

"안녕."

"반갑다."

"네, 안녕하세요."

소녀들이 입을 모아 답례했다. 왕자에게는 말을 놓고 수행원들에게 존대하는 걸 보니, 아직 신분에 관한 개념은 부족하고 나이에 따라 사람을 대하는 것 같았다. 모어와 헨던은 순진한 소녀들이 점점 더 귀엽게 느껴졌다.

왕자가 약간 못마땅한 표정으로 소녀들에게 물었다.

"너희들이 누군지도 밝혀야지."

그러자 언니가 웃으며 말했다.

"응, 난 마저리라고 해. 그리고 앤 내 동생 프리시야."

"여기 사니?"

이번엔 동생이 답했다.

"응, 여기가 우리 집이야. 근데 너 우리 외양간에서 뭐 해?"

어린 소녀의 날카로운 질문에 당황한 왕자가 얼른 답을 못하자, 의외로 헨던이 꽤 순발력 있게 말을 받았다.

"해, 행차 중이시다. 와, 왕궁으로 돌아가는 길에 밤이슬을 피하기 위해 하룻밤 묵으신 거다."

말을 약간 더듬긴 했지만, 꽤 그럴싸하게 대답하는 헨던을 보며 모어는 재미있다는 듯 싱글벙글 웃었다.

이번엔 언니가 물었다.

"그래요? 그런데 아무리 왕자라 해도 이렇게 남의 집에서 막 자도 되는 거예요?"

날카로운 질문에 헨던도 말문이 막혔다. 결국 모어가 나섰다.

"그래도 된다."

"네? 왜요?"

"그냥 그래도 된다. 국법에 따르면, 국왕의 행렬이나 군대는 이동 중에 아무 민가에서나 숙박할 수 있는 특권이 있다. 사실은 우리가 침실을 차지하고 너희를 외양간에서 재워도 되는 건데, 왕자님께서 자비를 베풀어 외양간에서 주무신 거다.[12]"

깜짝 놀란 소녀들이 눈을 동그랗게 뜨고 입을 모아 물었다.

"정말요? 정말로 그런 법이 다 있어요?"

비로소 그 법이 기억난 헨던이 모어를 거들었다.

"그럼, 이분 말씀이 옳아. 이분은 법을 아주 잘 아셔. 법관님이시거든."

헨던은 실성한 소년의 왕자놀이에 장단을 맞추다 못해 이런 시골 소녀들을 상대로 법관의 권위까지 팔고 있는 자기 처지가 참으로 우습다는 생각이 들었다. 그러나 소녀들은 정말로 법관의 권위에 압도되었는지 "아아!" 하고 감탄하며 더 이상 추궁하지 않았다. 언니 마저리는 왕자에게 감사의 말까지 했다.

"우리 침실을 빼앗지 않아 줘서 고마워. 넌 참 착하구나."

왕자는 한밤중에 남의 침실에 쳐들어가서 내쫓지 않은 게 정말로 감사받을 일인지 모르겠어서 그냥 "으응." 하고 얼버무렸다. 사실 왕자는 그런 해괴한 법이 있다는 사실도 모르고 있었다.

동생 프리시가 왕자에게 말했다.

"그럼 왕자님, 우린 이만 가 볼게. 엄마가 아침밥 차려 놓고 기다리실 거야."

"으응."

왕자는 힘없이 대답했다. '아침밥'이란 단어를 듣는 순간 왕자의 동공은 크게 흔들렸다. 어제 궁을 나선 후 아무것도 못 먹은 것이다. 워낙 놀랍고 무서운 일들이 연거푸 일어나는 바람에 허기마저 잊고 있었지만, '아침밥'이란 말을 듣자마자 격렬한 허기가 느껴지기 시작했다. 헨던도 마찬가지였다. 그는 포로 생활에서 갓 벗어난 빈털터리 신세였으므로, 제대로 된 식사를 한 게 언제인지 가물가물했다. 모어만이 전혀 허기를 느끼지 않았다. 유령이니까.

그래도 언니가 동생보다는 확실히 눈치가 빨랐다. 그리고 마저리는 동정심 많은 착한 소녀였다. 왕자의 굶주린 기색을 눈치챈 마저리가 말했다.

"왕자님, 배고파? 우리 집에서 밥 먹고 갈래?"

"……"

왕자는 매우 난처했다. 실은 빵 한 조각에 영혼이라도 팔 정도로 배가 고팠지만, 체면상 농민에게 밥을 구걸할 수는 없는 노릇이었다. 망설이는 왕자에게 모어가 적절한 조언을 건넸다.

"전하, 무릇 왕의 가장 큰 미덕은 솔직함에 있습니다. 특히 백성들에게 솔직하셔야 합니다."

그 조언에 왕자는 어느 때보다 크게 고개를 끄덕였고, 헨던 또한 격하게 동의했다.

"아무렴요, 참으로 옳은 말씀입니다!"

왕자는 마저리를 똑바로 바라보며 당당하게 말했다.

"그렇다. 지금 나는 몹시 시장하다."

그러자 마저리는 말없이 왕자의 손을 잡고 집으로 이끌었다. 왕자는 마저리의 행동이 예의에 어긋나는 게 아닐까 하는 생각이 잠깐

들었지만, 기분이 나쁘지는 않아서 잠자코 따라갔다. 드디어 뭔가 먹을 수 있다는 기대감에 가슴마저 설레었다. 뱃가죽이 등짝에 달라붙기 일보 직전인 헨던도 어린아이 같은 표정으로 따라갔고, 예의 여유로운 미소를 띤 모어가 또 그 뒤를 쫓았다. 귀여운 프리시는 별안간 후다닥 달려 나가더니 어느새 집의 작은 문을 활짝 열어젖히며 큰 소리로 외쳤다.

"엄마, 엄마! 손님들이 왔어요!"

"손님들이라니?"

두 소녀의 어머니일 아낙이 고개를 내밀어 바깥을 살폈다.

점잖은 복장의 창백한 노인, 허름한 옷차림에 멋진 칼을 찬 청년, 누더기를 걸쳤지만 고상하게 생긴 소년이 아낙의 눈에 들어왔다. 아낙은 이들의 정체를 알 수 없어 고개를 갸우뚱했다. 얼핏 보면 당연히 아버지, 아들, 손자일 것 같은데, 자세히 보면 복장이나 생김새도 다르고 뭔가 어울리지 않는 느낌이었다. 학자 같은 노인, 군인으로 보이는 청년, 고귀한 얼굴에 누더기를 입은 소년의 조합은 어딘가 어색했다.

모어와 헨던은 아낙의 의심에 찬 시선을 느끼고 초조해졌다. 우리가 누구인지 어떻게 설명해야 할까? 스스로 생각해도 가족처럼 보이진 않을 것 같았다. 뭐라고 해야 저 아낙의 의심을 풀고 무사히 밥한 끼를 얻어먹을 수 있을까? 어지간한 모어조차 매우 난감했다.

그런데 헨던이 무슨 생각이 떠올랐는지 아낙에게 다가서며 인사를 건넸다.

"부인, 안녕하십니까?"

그는 최대한 좋은 사람으로 보이려고 활짝 웃어 보였다. 그러나 부인은 경계심을 풀지 않고 마지못해 인사를 받았다.

"네, 안녕하세요? 댁들은 누구시죠?"

"아, 네."

헨던은 태연한 척 말을 받으며 머리를 더욱 빠르게 굴렸다. 이윽고 모어를 손짓해 부르며 이상한 소리를 했다.

"나리, 나리, 잠시 이리로 와 보시겠어요?"

'나리? 갑자기 웬 나리야?'

모어는 몹시 의아했지만 티를 내지 않고 다가갔다. 왕자와 소녀들은 종알거리며 자기들끼리 이야기를 나누고 있었다.

모어가 다가오자 헨던이 그를 부인에게 소개했다.

"부인, 이 분은 저의 주인이신 히슬로드 경이십니다. 한때 법관 자리에 계셨던 분이죠. 저는 수행원인 마일즈 헨던이라 합니다. 런던에 볼일이 있어 들렀다가 돌아가는 길입니다."

"아아."

부인은 비로소 마음이 놓인 듯했다. 특히 전직 법관이라는 말에 크게 안심한 것 같았다. 그녀는 훨씬 친절한 태도와 표정으로 물었다.

"어디서 오셨는데요?"

돌발 질문에 당황한 헨던은 말문이 막혔다. 적당히 둘러댈 지명이 얼른 떠오르지 않았다. 그러자 모어가 대신 나서 그녀의 궁금증을 풀어 줬다.

"저는 뉴캐슬에서 왔습니다, 부인."

"뉴캐슬이요? 그런 곳이 있나요? 그곳이 어디죠?"

"아, 그곳은……. 흠, 타인 강은 아시나요? 그 하구에 있는데."

"아뇨, 잘 모르겠는데요."

연거푸 모르는 지명이 나오자 아낙은 약간 주눅이 들었다. 모어는 여전히 진지했다.

"흠, 그럼 설명하기가 굉장히 힘든데……. 이 나라의 가장 북쪽입니다. 스코틀랜드와 가깝죠."

드디어 아는 지명이 나오자 부인은 몹시 반가운 목소리로 감탄하듯 말했다.

"어머머, 정말 멀리서 오셨군요!"

한편, 헨던은 둘의 대화를 들으며 고개를 갸웃거렸다. 모어의 말에 이상한 부분이 있었기 때문이다. 북부 출신이라고? 헨던은 군대에서 북부 출신들을 몇 명 알고 지냈는데, 그들은 심한 사투리를 썼다. 한데, 히슬로드 경의 말씨는 흠잡을 데 없는 런던 말씨였다. 그런데 북부 출신이라니?

그러던 차에 부인이 난감한 질문을 하나 더 했다.

"저, 그럼 저 아이는 누구죠?"

헨던이 얼른 끼어들었다. 미리 생각해 둔 게 있는 모양이었다.

"아! 저 아이는 그냥 불쌍한 아이입니다."

"네? 그게 무슨 말씀이세요? 불쌍한 아이라뇨?"

"흠, 그게 말이죠……."

헨던은 더할 나위 없이 진지한 표정으로 부인의 귓가에 속삭였다.

"저 아이에게 가서 누구냐고 직접 물어보세요. 그럼 제 말 뜻을 아실 겁니다."

부인은 도저히 이해가 안 된다는 표정으로 잠시 그를 바라보더니, 곧 왕자에게 다가가 말을 걸었다. 그리고 몇 마디 나눈 후 돌아왔다. 그런 그녀에게 헨던이 물었다.

"뭐라던가요?"

그녀가 매우 당황한 목소리로 답했다.

"자기가 왕자라는데요?"

헨던은 굳은 표정으로 고개를 끄덕이며 말했다.

"바로 그겁니다."

그러자 부인은 "어머머!" 하고 외마디 소리를 내더니 어느새 눈물을 글썽이기 시작했다.

"가엾어라! 어쩌다가……."

그러자 헨던이 기회를 놓칠 새라 얼른 자세히 설명했다. 아니, 자세히 거짓말을 했다.

"우리 볼일이 다 끝나 돌아가는 길인데, 어젯밤 우연히 저 아이가 부랑자들에게 괴롭힘 당하는 걸 봤습니다. 그래서 제가 부랑자 패거리를 쫓아내고 구해 줬죠. 그런데, 다짜고짜 자기가 에드워드 왕자라지 뭡니까? 그러자 자비심 많으신 우리 나리께서 정신도 온전치 못한 애를 그냥 두고 갔다가 아까 그 패거리한테 해를 입을지도 모르겠다고 한참 걱정하시더니, 급기야 직접 거두겠다고 하시더군요. 그래서 우리가 저 아이를 데리고, 그 어디였더라, 뉴캐슬, 뉴캐슬로 돌아가는 중입니다."

부인은 진심으로 감동한 얼굴로 모어와 헨던에게 찬사를 건넸다.

"어머, 정말로 훌륭한 분들이네요. 하느님께서 반드시 축복하실 겁니다. 정말 선한 일을 하셨어요."

거짓말의 대가로 찬사를 받는데 익숙지 않은 헨던은 오히려 떨떠름해졌다. 슬며시 모어의 눈치를 살피니, 너도 이제 사기꾼이 다 되었구나 하는 표정으로 쳐다보고 있었다. 내가 어쩌다 이 지경까지 왔나 싶어 쓸쓸하게 웃고 있는데, 부인이 또 질문을 던져 왔다.

"헨던 님, 그럼 저는 어떻게 해야 하나요?"

거짓말에 감동받고 상기된 부인의 목소리를 들으니 헨던은 더욱 쓸쓸해졌지만 억지로 태연하게 말을 받았다.

"아, 네. 뭐 그냥 왕자님으로 대하시면 됩니다. 저희도 그러고 있어요."

부인은 열심히 고개를 끄덕였다. 부인의 호의를 확신한 헨던은 비로소 본론을 꺼냈다.

"저, 부인, 그리고 부탁이 하나 있습니다만."

"네? 무슨 부탁이요?"

"실은 저희가 어제 저 아이를 만나며 일정이 좀 꼬여서 아직 아침 식사를 못했습니다. 혹시 가볍게 요기라도 좀 할 수 있을까요?"

자신이 얼마든지 들어줄 수 있는 부탁에 부인은 오히려 반가운 모양이었다. 그녀는 활짝 웃으며 말했다.

"저런! 마침 저희도 식사를 하려던 참이었어요. 조금만 기다려 주세요. 제가 준비를 마치고 부를게요."

그리고 부인은 얼른 안으로 들어갔다. 그녀는 굉장히 착한 사람 같았다. 일행으로서는 정말 다행스러운 일이었다. 부인이 모습을 감추자, 모어가 다가와 빙글빙글 웃으며 헨던을 놀렸다.

"여어, 자네의 창작력에 진심으로 감탄했네. 이제 보니 자네는 군인보단 문인에 더 가까운 것 같은데."

헨던은 살짝 약이 올랐지만, 스스로 생각해도 어처구니가 없는 터라 저절로 웃음이 터져 나왔다.

"킥킥. 그러게 말입니다. 저도 제가 이렇게 거짓말에 소질이 있는 줄 몰랐네요."

그러자 모어가 헨던에게 위로하듯 말했다.

"아냐, 자네는 거짓말과는 거리가 먼 사람이지. 내가 만나 본 사람들 중 가장 정직한걸."

느닷없이 칭찬을 들은 헨던은 머쓱해졌다. 모어는 계속 말했다.

"그런 자네가 방금 거짓말을 잘한 데는 또 나름의 이유가 있지."

"네? 그게 뭡니까?"

"자네 이야기는 거짓이지만 진심이 담겨 있었어. 저 아이를 위하는 마음 말일세. 진심이 담겼으니 호소력을 띨 수밖에. 결국 저 부인은 자네의 거짓말에 속은 게 아니라 자네의 진심에 감동한 거라 할 수 있지."

헨던은 무슨 말인지 알 것 같았다. 그는 가만히 고개를 끄덕였다.

"그게 바로 선의의 거짓말이라네. 그리고 선의의 거짓말은 원래 사람들이 잘 믿는 법이지."

모어는 빙긋 웃고 난 후 말을 이었다.

"간혹 자네 같은 사람들이 있지. 남을 해치거나 자기 이익을 챙기려는 거짓말은 못해도, 가엾은 사람을 돕기 위한 거짓말은 잘하는 사람들 말이야. 난 그런 사람들을 아주 좋아한다네."

생각지도 못한 칭찬을 연이어 들은 헨던은 몹시 쑥스러웠다. 그래서 화제도 돌릴 겸 진즉부터 궁금했던 것을 물었다.

"아참, 히슬로드 님?"

"왜?"

"아까 뉴캐슬 출신이라고 하시지 않았나요? 그런데 사투리를 전혀 안 쓰시네요?"

"아아, 그거."

모어는 빙긋 웃었다.

"당연하지. 난 런던 출신이니까."[13]

헨던은 황당했다.

"네? 그럼 아까는 왜……?"

모어가 여전히 미소 띤 채 말했다.

"아까? 아까는……. 여기서 아주 먼, 저 부인이 모를 만한 곳을 댔어야 했지."

"네?"

"그래야 저 부인이 자세히 캐묻지 못할 것 아닌가."

헨던은 할 말을 잃었다. 자기 보고 창작력이 어쩌고 선의의 거짓말이 어쩌고 하며 놀려대더니, 본인은 한 술 더 뜨지 않은가? 그는 왠지 바보가 된 듯한 기분이 들었다. 그때 부인이 식사 준비가 다 되었다며 불렀고, 그들은 아이들을 데리고 집 안으로 들어갔다.

집은 비좁고 초라했다. 하지만 매우 아늑했고, 부인의 살림 솜씨가 꽤 좋은지 깨끗이 정돈되어 있었다. 다만, 남자의 흔적은 없었다.

널빤지 몇 장을 덧댄 식탁은 여럿이 앉기엔 너무 작았지만, 아이들이 셋이라 그럭저럭 좁게나마 다들 자리를 잡았다. 모어와 헨던이 왕자의 좌우에 보좌하듯 앉았고, 맞은편에도 어린 프리시가 가운데 앉았다.

헨던이 부인에게 조심스레 물었다.

"바깥어른께선 일찍부터 출타 중이신가 봐요?"

그 물음에 부인의 낯빛이 문득 어두워지며 대답을 망설였다. 그녀는 잠시 헨던과 모어의 얼굴을 살피다가 작은 소리로 답했다.

"아이들 아버지는 작년에 세상을 떠났어요."

아무래도 아이들 있는 데서 남편의 죽음을 이야기하고 싶지 않은 모양이었다. 부인의 슬픈 대답에 모어는 묵묵히 말이 없었고, 헨던은 탄식했다.

"저런, 아니 어쩌다가……."

"작년에 마을에 병이 돌았어요."

잠시 무거운 정적이 식탁 위를 맴돌았다. 그러자 부인이 일부러 밝은 목소리로 말했다.

"자, 차린 건 없지만 어서들 드세요. 음식이 다 식겠네요."

가난한 농가에서 내올 음식이라야 뻔했다. 빵도 한 조각 없고, 야채 수프와 오트밀이 전부였다. 그러나 오래 굶주린 헨던에게는 그마저도 황송할 따름이었다. 게다가 군인 생활과 포로 생활을 하며 훨씬 거친 음식도 숱하게 먹었으므로, 야채 수프와 오트밀 정도면 나름대로 훌륭한 식사였다.

"감사합니다, 부인."

말이 채 끝나기도 전에 그는 오트밀을 한 숟갈 가득 퍼서 허겁지겁 입 속에 넣었다.

한편, 왕자는 바야흐로 야채 수프와 오트밀이란 값싼 음식을 처음으로 접할 소중한 기회를 맞이했다. 왕궁에서만 자란 그는 이따위 허술한 음식은 듣도 보도 못했다. 왕자는 음식들의 형편없는 모습에 놀라 허기마저 싹 가셨다. 그는 도저히 그것들을 입에 넣을 엄두가 나지 않았다. 그렇다고 "뭐 이런 걸 내왔느냐"며 호통칠 수도 없는 노릇이라 그저 묵묵히 앉아 있을 따름이었다.

그런데 잠시 후 구수한 냄새가 왕자의 코를 자극했고, 왕자의 배 속에서 나온 꼬르륵 소리가 크게 울려 퍼져 작은 집을 꽉 채웠다. 소녀들은 까르륵 웃음을 터트렸고, 왕자는 고개를 숙이고 얼굴을 붉혔다. 그런 왕자에게 모어가 조용히 권했다.

"전하, 어서 드시지요."

자신을 물끄러미 바라만 보고 있는 왕자에게 모어가 더욱 진지하게 말했다.

"전하, 이 초라한 한 끼의 음식이 이들에게는 평소 왕자님이 드시는 훌륭한 식사 열 끼보다 더 귀하고 값진 것입니다."

평소 듣지 못했던 몹시 위엄 있는 목소리였다. 헨던은 깜짝 놀라 부지런히 놀리던 숟가락질마저 멈췄다.

'와, 이게 법관의 위엄인가?'

왕자도 당황했지만, 한편으론 깨달아지는 바가 있었다. 그래서 묵묵히 숟가락을 들었다. 그런데 막상 음식을 입에 넣자 담백하고 부드러운 것이 의외로 수월하게 목구멍으로 넘어갔다. 그래서 왕자는 정신없이 야채 수프와 오트밀을 먹어 치웠다. 그 모습을 지켜보는 헨던은 다시 어이가 없었다.

'그렇게 배고프면서도 막상 음식이 나오니 먹기를 꺼리다니, 자기가 무슨 진짜 왕자라도 된단 말인가? 정말 어처구니없군.'

그러나 막상 먹기 시작하자 부지런히 숟가락을 놀려 자그마한 입 속으로 쉴 새 없이 음식을 떠 넣는 모습을 보니 역시 그저 귀여운 아이일 뿐이라는 생각이 들었다. 그런데 정작 히슬로드 경이야말로 식사를 하는 둥 마는 둥 했다. 부인이 조심스레 모어에게 물었다.

"저, 혹시 음식이 입에 맞지 않으신가요?"

모어는 온화하게 웃으며 손사래를 쳤다.

"아뇨, 천만의 말씀입니다, 부인. 아주 맛있군요."

"그런데 왜 이렇게 조금밖에 안 드시나요?"

"하하. 원래 늙으면 식사량이 줄어듭니다. 소화력이 떨어져서요."

그러자 부인은 비로소 마음이 놓이는 표정이었다. 모어가 웃으며 한마디 보탰다.

"게다가 왕자님께서 아주 잘 드시는군요. 입에 맞으시나 봅니다."

그러자 왕자가 문득 고개를 들며 품위 있게 부인을 칭찬했다.

"아, 그렇소. 부인, 그대 솜씨가 실로 뛰어나구려."

방금 전까지 그릇에 고개를 처박다시피 하던 소년이 갑자기 격식을 차리며 점잖게 말하자, 부인은 하도 사랑스러워서 머리라도 쓰다듬어 주고 싶을 지경이었다. 그러나 어쨌든 명색 왕자님이므로 무례한 행동은 삼가기로 했다. 두 소녀, 마저리와 프리시도 왕자님의 칭찬에 기뻤는지 활짝 웃으며 입을 모아 소리쳤다.

"그럼! 우리 마을에서 우리 엄마 음식 솜씨가 최고야!"

그런 아이들의 모습에 어른들도 즐겁게 웃었다. 다만, 부인은 워낙 가난한 살림이라 식량이 부족해 음식을 많이 못 내온 것이 못내 마음에 걸렸다. 그래서 멋쩍은 웃음을 지으며 왕자에게 물었다.

"왕자님, 양이 부족하진 않아요?"

왕자는 부인을 물끄러미 바라볼 뿐 말이 없었다. 사실은 더 먹고 싶었지만, 왕자 체면에 더 달란 말을 하기가 힘들었던 것이다. 그러자 모어가 자신의 오트밀 그릇을 왕자에게 건네며 말했다.

"전하, 이것도 드십시오."

왕자가 망설이는 눈빛으로 자신을 바라보자, 모어가 웃으며 안심시켰다.

"저는 이거면 충분합니다."

그리고 자기 몫의 야채 수프를 가리켰다. 그런 모어에게 부인은 크게 감동받았다. 가엾은 소년을 마치 친할아버지처럼 자상하게 대해 주다니!

잠시 후 화기애애한 아침 식사가 끝났고, 왕자는 부인에게 정식으로 치하의 말을 했다.

"정말 잘 먹었소. 그대의 뛰어난 요리 솜씨와 놀라운 충성심 덕에 풍족히 배를 채울 수 있었소. 특히 이……."

왕자는 미간을 찌푸리며 오트밀이 담겨 있던 빈 그릇을 가리켰다.

"여기 있던 음식 이름이 뭐지?"

그러자 어린 프리시가 웃음을 터뜨렸다.

"뭐야, 무슨 왕자님이 오트밀도 모르나 봐!"

그러나 왕자는 매우 진지했다.

"음, 오트밀이라. 이 오트밀이 특히 맛있었소. 궁에 돌아간 뒤에도 가끔 먹어야겠군."

오트밀을 좋아하는 왕자라, 이보다 우스꽝스러운 일이 또 있을까? 부인과 헨던은 웃음보가 터질 지경이었지만 간신히 참았다. 그러나 왕자는 여전히 진지했다.

"흠, 그대에게 뭔가 사례를 하고 싶은데, 어떻게 해야 좋을지……."

정말로 고민에 빠진 왕자는 다시 미간을 잔뜩 찌푸렸다. 그러자 이번에도 모어가 나섰다.

"이거면 충분하지 않을까요?"

그리고 호주머니를 뒤져 금화 한 닢을 꺼냈다. 매우 낡기는 했지만, 분명 찬란히 빛나는 금화였다. 세 모녀는 물론, 헨던까지 혼이 나갈 정도로 깜짝 놀랐다.

금화를 보고 흥분한 소녀들이 종알거리기 시작했다.

"언니, 저 반짝거리는 게 뭐야?"

"글쎄? 혹시 말로만 듣던 금화라는 거 아닐까?"

"아, 저게 금화야? 정말 예쁘게 생겼다."

"그래, 엄청 반짝거리지?"

소녀들의 어머니는 너무 놀라 횡설수설했다.

"어머머, 이 이걸 어떡해……. 아니, 이걸 받을 수는……. 참 감사하긴 하지만……. 아니, 그래도 히슬로드 님, 그래도 어떻게 제가……."

그때 왕자가 몹시 근엄한 목소리로 부인의 말을 끊었다.

"부인, 어서 받으시오."

소년의 작은 몸집에 어울리지 않는 위엄 가득한 음성에 부인과 헨던은 물론 소녀들까지 깜짝 놀라 일제히 바라봤다. 모어만이 금화를 손에 든 채 변함없이 미소 짓고 있었다. 왕자는 위엄 있게 말을 계속했다.

"이 나라의 유일한 왕자로서 곧 왕위에 오를 나의 허기를 면하게 해 주었으니, 이 정도 사례는 지극히 당연한 것이오."

부인과 헨던은 반쯤 넋이 나가 입을 헤벌리고 있었다. 이 아이는 너무나 왕자답지 않은가! 진짜 에드워드 왕자라 해도 이 소년보다 더 왕자다울 수 있을까?

왕자는 자기 말에 아무도 대꾸를 않는 것이 답답했는지 모어에게 동의를 구했다.

"그렇지 않소, 히슬로드 경?"

모어는 즉시 동의했다.

"지당하신 말씀입니다, 전하."

그러자 왕자는 모어에게서 금화를 받아 들더니 부인의 손에 직접 쥐어 주려 했다. 그러나 부인은 당황해서 두 손을 뒤로 감추며 모어를 쳐다봤다. 너무 난처한 나머지 울상이 되어 있었다. 모어는 가만히 고개를 끄덕이며 한마디 했다.

"부인, 예를 갖추시오."

부인은 자기도 모르게 무릎을 꿇었다. 그러자 소녀들도 덩달아 엄마 옆에서 무릎을 꿇었다. 왕자는 부인의 손에 금화를 쥐어 준 후, 부인의 한쪽 어깨에 손을 얹고 근엄하면서도 자애로운 목소리로 말했다.

"내 그대의 헌신을 잊지 않겠소."

"네, 정말 황공합니다."

부인은 얼결에 답했다. 도무지 정신을 차릴 수가 없었다. 초라한 식사의 대가로 금화를 받게 된 때문만은 아니었다. 진짜 왕자를 만난 기분이 들었기 때문이다. 이 아이의 정체는 대체 뭘까? 옷차림을 보면 불쌍한 떠돌이가 분명한데, 말투나 행동거지는 진짜 왕자 같지 않은가? 그러나 아무리 언행이 우아하다 해도, 누더기를 걸치고 앉아 오트밀을 두 그릇이나 비우는 아이를 어찌 왕자라 할 수 있겠는가?

얼떨떨하기는 헨던도 마찬가지였다. 보면 볼수록 신기한 아이였다. 어젯밤부터 지금까지 대체 몇 번이나 나를 놀라게 했는가? 무엇보다 헨던을 당황케 한 것은 시간이 지날수록 점점 그 아이를 진짜 왕자처럼 대하는 자신의 모습이었다. 헨던은 혹시 자기 머리가 돌아 버린 게 아닐까 염려마저 되었다.

이처럼 이상한 상황 속에서도 두 소녀와 모어는 몹시 태연했다. 소녀들은 아무것도 몰랐기 때문이고, 모어는 모든 것을 알고 있었기 때문이다. 모든 것을 알고 있는 사람이 입을 열었다.

"전하, 이제 그만 떠나시죠."

"오, 그래 알았소. 자 헨던, 이만 일어나세."

"네? 네, 왕자님."

왕자 일행은 작은 오두막을 나섰다. 부인은 두 딸을 데리고 집 앞까지 배웅 나왔다. 몇 걸음 옮기던 왕자가 문득 뒤돌아보며 작별 인사를 건넸다.

"부인, 정말 고마웠소. 애들아, 잘 있어."

"응, 왕자님, 잘 가!"

소녀들도 손을 흔들며 인사했다. 부인은 한동안 멍하니 서서 왕자 일행이 사라져 가는 모습을 지켜보았다.

[12] 실제로 왕의 군대는 아무 민가에서나 숙박할 수 있는 법이 있었다. 이는 백성들에게 엄청난 고통을 주는 대표적인 악법이었다. 결국 1628년 의회가 찰스 1세에게 제출한 권리청원에 의해 폐지되었다.

[13] 실제로 토머스 모어는 런던에서 태어나고 자랐다.

6

모어,
쾌락에 관해
논하다

셋은 한동안 말없이 걸었다. 모어는 딱히 할 말이 없었고, 헨던은 여전히 혼란스러웠기 때문이다. 왕자는 그새 모녀에게 정이 들었는지 이따금 뒤돌아보았지만, 굳이 말을 꺼내지는 않았다.

먼저 침묵을 깬 것은 모어였다.

"전하, 이젠 시장하지 않으십니까?"

왕자가 웃으며 답했다.

"오, 괜찮소. 그 착한 부인 덕분에 잘 먹었으니."

모어는 진지한 표정으로 다시 물었다.

"정말 잘 드셨습니까?"

"그렇소."

"정말로 맛이 있으셨습니까?"

집요하게 캐묻는 모어가 이상했는지 왕자가 되물었다.

"그렇다지 않소. 왜 자꾸 묻는 거요?"

그러나 모어는 여전히 정색하고 다시 물었다.

"생각해 보면, 이상하지 않습니까?"

"대체 뭐가?"

왕자는 슬슬 성가신 모양이었다. 그제야 모어는 비로소 본론으로 들어갔다.

"전하께선 언제나 최고의 음식만 드셨습니다. 한데 오늘 드신 것은 아주 가난한 농민들이나 먹는 하찮은 음식이었습니다."

모어가 잠시 숨을 골랐다. 헨던은 눈을 빛내며 귀 기울이고 있었다. 그리고 속으로 생각했다.

'그래, 역시 저 노인도 이 아이가 왕자라는 걸 믿지 않았던 거야. 하긴 그래, 믿어야 할 이유가 없잖아? 누가 믿겠어? 저 노인이 전하, 전하 하면서 떠받들어 주기에 이상하다 했더니, 이런 기회를 기다리고 있던 거였군. 아이가 자신은 왕자가 아니라는 사실을 자연스럽게 인정할 수밖에 없는 기회 말이야. 진짜 왕자라면 어떻게 그 험한 음식을 먹을 수 있었겠어? 과연 현명한 노인이야. 생각이 깊어.'

드디어 소년의 입에서 진실을 들을 때가 왔다고 생각한 헨던은 자기도 모르게 침을 꼴깍 삼켰다.

모어가 드디어 왕자에게 결정적인 질문을 던졌다.

"그런데 어찌하여 전하께선 그 볼품없는 음식을 그토록 맛있게 드실 수 있었을까요?"

헨던은 가슴이 두근두근했다.

'자, 어서 그 귀여운 입술로 사실을 털어놓거라. 너는 왕자가 아니라고! 그냥 가난한 집 아이라고!'

그러나 막상 아이는 매우 평온하고 차분한 얼굴로 헨던의 기대를 저버렸다.

"그러게 말이오. 참 이상한 일이지. 왜 그랬을까?"

진심으로 그 이유가 궁금한 얼굴이었다. 헨던은 어이가 없는 한편, 진실의 문 앞에서 발이 묶인 것 같아 초조했다. 그때 모어가 엄숙한 표정으로 말했다.

"저는 그 이유를 알고 있습니다."

"그게 무엇이오?"

왕자는 순진하게 물었고, 헨던은 다시 긴장했다. 마침내 그의 입에서 "넌 왕자가 아니기 때문이란다."라는 말이 나올 것 같았기 때문이다. 그러나 정작 모어의 입에서 나온 말은 전혀 뜻밖의 것이었다.

"전하께서는 오늘 아침 정신적 쾌락의 극치를 맛보셨기 때문입니다."

헨던은 어안이 벙벙했다.

'이건 또 무슨 소리야? 정신적 쾌락? 대체 무슨 말을 하는 거야?'

왕자도 솔직하게 말했다.

"그대가 지금 무슨 말을 하는 건지 모르겠소."

모어가 엄숙한 기색을 풀고 빙긋 웃으며 말했다.

"전하께 묻겠습니다. 사람이 덕을 좇으며 살아야 합니까, 쾌락을 좇으며 살아야 합니까?"

왕자가 뻔한 걸 묻는다는 듯 웃으며 답했다.

"그야 물론 덕을 좇아야겠지."

"좋습니다. 그럼 다시 묻겠습니다. 쾌락을 추구하는 건 잘못된 겁니까?"

왕자는 다소 얼떨떨한 모양이었다.

"그야 당연하지 않소?"

그러자 모어는 그럴 줄 알았다는 듯 웃더니 반박했다.

"꼭 그렇지만은 않습니다, 전하. 쾌락은 크게 두 종류가 있는데, 육체적인 것과 정신적인 것입니다. 그런데 사람들은 보통 육체적인 쾌락만 중시하고 정신적인 쾌락을 망각합니다. 전하께선 혹시 에피쿠로스[14]라는 이름을 들어 보셨습니까?"

"아니, 잘 모르겠는데. 그리스 사람인가?"

"과연 총명하시군요. 아주 먼 옛날 그리스에 살던 철학자입니다."

"그런데 그 사람이 왜?"

"에피쿠로스는 정신적 쾌락을 강조한 인물입니다. 정신적 쾌락은 선하고 아름다운 쾌락입니다. 그렇기 때문에 덕과 일맥상통합니다. 덕을 추구하여 타인과 행복을 공유할 때 정신적 쾌락을 느낄 수 있기 때문입니다. 전하께서 가난한 농가의 험한 음식을 맛있다고 한 것도 그 때문입니다. 전하, 그 집의 살림살이가 어때 보였습니까?"

"몹시 가난해 보이던데."

"그렇습니다. 그렇다면 그들이 그 정도 식사를 대접하기가 쉬웠을까요?"

"아니, 어려웠겠지."

"그 사실을 바로 아셨습니까?"

왕자는 눈을 감고 기억을 되살리며 대답했다.

"응, 바로 알았소. 실은 내가 너무 많이 먹어서 그들이 나중에 먹을 게 부족하지나 않을까 걱정마저 되던걸. 하지만 배가 너무 고파서 그냥 먹었소."

왕자의 솔직한 대답에 모어가 싱긋 웃더니 이야기를 계속했다.

"바로 그겁니다. 오늘 식사는 얼핏 볼품없어 보였지만, 사실은 여태껏 전하께서 드신 중에 가장 큰 정성이 들어간 식사였습니다. 부인의 선한 마음씨가 담긴 것이었기 때문입니다. 따라서 전하께서는 오늘 아침의 소박한 음식을 진심으로 맛있게 드실 수 있었던 겁니다."

왕자는 물론이고, 헨던마저 어느새 연신 고개를 끄덕였다.

"또한 부인에게 아무 보상도 해 주지 못했다면 마음 한곳에 불편함이 남았을 것입니다. 그렇지 않습니까?"

왕자가 활짝 웃으며 말했다.

"오, 물론이오. 그대에게 금화가 있어 정말 다행이었소."

"그렇습니다. 마침 저에게 금화 몇 닢이 있어 부인에게 보답할 수 있었습니다. 따라서 전하의 마음속에 미안함은 사라지고 고마움만 남았습니다. 그렇지 않습니까?"

왕자는 열심히 고개를 끄덕였다.

"그럼, 그럼. 정말 다행이었소."

"부인이 감사 말씀을 올릴 땐 기분이 어땠습니까?"

"매우 기쁘고 행복했소."

모어가 선언하듯 말했다.

"그것이 바로 정신적 쾌락입니다, 전하."

왕자는 말없이 깊은 생각에 잠겼다. 그런 왕자에게 모어가 다시 물었다.

"여태까지 그보다 더 기쁘고 행복한 적이 있으셨습니까?"

한참 생각한 끝에 왕자가 답했다.

"아니, 별로 없었던 것 같소."

"그것이 또한 정신적 쾌락이 중요한 이유입니다."

왕자는 다시 생각에 잠겼다가 다시 말했다.

"그 에피쿠로스라는 사람은 굉장히 훌륭한 학자였나 보군."

모어는 잔잔한 미소로 답을 대신했다. 이번엔 헨던이 물었다.

"그렇다면 정신적 쾌락을 추구하는 삶이란 어떤 것인가요?"

헨던도 이 화제에 제법 흥미가 생긴 모양이었다. 모어가 답했다.

"아까도 말했지만, 덕을 좇는 것이지. 또한 덕을 좇는다는 것은 자연을 따르는 삶이라 할 수 있다네."

"그렇다면 육체적 쾌락은 최대한 멀리해야 하나요?"

한창 혈기왕성한 헨던은 육체적인 쾌락을 멀리할 자신이 없는 모양이었다. 모어는 헨던의 솔직한 질문에 웃으며 답했다.

"꼭 그렇지만은 않다네. 과거에 일부러 험난하고 힘겨운 덕을 추구하느라, 삶의 쾌락을 포기하고 고통을 달게 받아들여야 한다고 주장하는 사람들이 있었지. 그래서 그들은 스스로에게 엄격하다 못해 가혹하기까지 했네. 일부러 늘 거친 옷만 입고 험한 음식들만 먹었지. 그런데 나는 그들 역시 지나치다고 생각하네."

문득 왕자가 말했다.

"스토아학파[15] 얘기요?"

나이에 어울리지 않는 왕자의 높은 학식에 모어가 진심으로 감탄했다.

"놀랍군요, 전하! 벌써 스토아학파를 아시다니!"

그러나 왕자는 별것 아니라는 듯 말했다.

"아, 부왕께서 그들을 매우 싫어하시거든. 그들 욕을 자주 하셨지. 그런데 경의 얘기를 듣다 보니 그들 생각이 났소."

모어는 쓴웃음을 금할 수 없었다.

"하하. 물론 국왕 폐하께서는 그들을 좋아하시긴 힘들었을 겁니다.”

모어가 기억하는 헨리 8세는 엄청난 현실주의자이자 쾌락주의
자였다. 물론 정신적 쾌락이 아닌 육체적 쾌락에 함몰된 인물이었다.
다행히 총명한 덕분에 통치를 그르치진 않았지만, 기본적으로 먹고
마시고 노는 즐거움에 깊이 빠진 인물이었다. 그런 그에게 근검과 금
욕을 강조하는 스토아학파의 가르침은 대척점에 서 있는 것이었다.
돌이켜 보면, 헨리 8세가 총애한 인물들도 비슷한 면이 있었다. 울지
추기경과 불린 경은 아주 현실적이었고, 금욕주의나 도덕주의와는
거리가 멀었다. 특히 울지 추기경은 성직자임에도 불구하고, 사치와
향락으로 매우 악명 높았다.

모어 본인도 쾌락주의자는 아니었지만 그렇다고 엄격한 스토아
적 인물도 아니었다. 생각해 보면, 모어는 《유토피아》를 썼을 때 자
신이 얼마나 유쾌한 인물인지 깨닫고 좀 놀라기도 했었다. 헨리 8세
또한 그에게 매우 유쾌한 사람이라고 했었다.

모어가 하염없는 상념에 젖어 있는데, 헨던이 다시 물었다.

“그럼 육체적 쾌락도 조금은 필요하다는 말씀인가요?”

옛 생각을 떨쳐 버린 모어가 마저 설명했다.

“물론일세. 육체적 쾌락도 중요하지. 그런데 육체적 쾌락은 또
두 종류로 나뉜다네. 감각적 쾌락과 건강한 쾌락. 그중 감각적 쾌락
이 우리가 멀리해야 할 것들이지. 예컨대, 식도락은 사치로 연결될

뿐더러 비만으로 건강마저 해치게 만들지. 술은 더 심각하다네. 술은 본인의 건강을 해칠 뿐 아니라 남들에게 피해를 주는 경우도 있거든. 이성적인 판단력을 해치기 때문이야. 범죄자들 중에는 술에 취해 판단력이 흐려졌다며 선처를 부탁하는 뻔뻔한 자들이 있고, 심지어 정말 그 이유로 처벌을 완화시켜 주는 몰지각한 판사들도 있지. 나는 오히려 술에 취해 범죄를 저지른 자들을 더욱 강하게 처벌함으로써, 아직 술고래가 되지 않은 다른 사람들에게 경종을 울려야 한다고 생각하네."

왕자가 맞장구를 쳤다.

"그래, 존 캔티 일당도 술 냄새가 많이 나더군. 항상 취해 있는 것 같았어."

"그렇습니다, 전하. 상습적으로 범죄를 저지르는 자들 중에는 술 주정뱅이들이 많습니다."

헨던이 다시 물었다.

"그럼 건강한 쾌락이 좋은 것이겠군요?"

"그렇다네. 육체적 쾌락 중에는 운동을 해서 몸을 튼튼하게 하는 것이 바로 그런 경우라 할 수 있네. 몸이 건강해야 마음도 건강하다는 말도 있지 않나. 몸을 튼튼히 하면, 질병으로 훼손되지 않은 고요하고 조화로운 육체를 얻을 수 있지. 이야말로 진정한 육체적 쾌락이라네."

헨던이 고개를 끄덕이는 동안, 왕자가 물었다.

"육체적 쾌락도 좋은 게 있다면, 정신적 쾌락도 나쁜 게 있지 않겠소?"

모어가 왕자를 대견하다는 듯 바라보며 답했다.

"현명하십니다, 전하. 쓸데없는 명예욕, 즉 허영이 바로 나쁜 정신적 쾌락입니다. 그리고 이야말로 곧 왕위에 오르실 전하께서 가장 경계해야 할 것입니다."

그 말을 들은 왕자의 얼굴에 긴장감이 어렸다.

"예를 들어, 너무 화려한 복장을 즐기거나, 궁전을 크고 호화롭게 짓는 것이 바로 그런 경우에 해당합니다. 더 심한 것도 있습니다. 그것은 사냥입니다."

왕자는 난감한 얼굴이 되었다. 부왕 헨리 8세가 사냥을 매우 즐겼기 때문이다. 심지어 앤 왕비가 처형될 때에도 사냥터에 있었다고 들었다. 왕자 본인도 부왕을 따라 몇 번 사냥을 나간 적이 있었다. 그러나 모어는 짐짓 모른 척 이야기를 계속했다.

"사냥은 왕을 비롯한 소수에게는 쾌락이지만, 대다수 백성들에게는 고통입니다. 왜냐하면 국왕의 사냥에는 엄청난 물자와 인력이 소모되는데, 그 비용을 국민들의 혈세로 충당하기 때문입니다. 국왕이 사냥을 즐긴다는 것은 백성들의 고혈을 빨아먹는 것과 다를 바가 없습니다."

모어의 집요한 비판에 왕자는 살짝 기분이 상한 듯했다. 아무래도 부왕이 마음에 걸리는 모양이었다. 그러나 모어는 이야기를 멈추지 않았다.

"그런데 사냥보다 더 경계해야 할 것이 있습니다."

소심해진 왕자는 말없이 모어를 쳐다봤다. 그때 헨던이 불쑥 정답을 맞혔다.

"아마 전쟁이겠군요."

모어와 왕자는 거의 동시에 고개를 끄덕였다. 잠시 어색한 침묵이 흘렀다. 왕자는 다시 부왕을 떠올렸다. 헨리 8세는 전쟁광은 아니었지만, 몇 차례의 전쟁을 일으켰고 대체로 결과가 나빴다. 특히 스코틀랜드와 프랑스를 상대로 한 전쟁에서는 큰 낭패를 보기도 했다. 왕자의 심기는 더욱 불편해졌다. 모어는 낮지만 확신에 찬 목소리로 이야기를 이어 갔다.

"전쟁은 사냥과 비교할 수조차 없는 희생을 백성들에게 강요합니다. 심지어 전쟁에서 이겼더라도 말입니다. 만약 패한다면, 국가의 운명에 심각한 위협이 되며 최악의 경우 백성들이 노예가 될 수도 있습니다. 사냥의 대상은 짐승들이지만, 전쟁의 대상은 다른 국가입니다. 그런데 전쟁에서 반드시 이긴다는 보장이 있습니까? 상대 국가 또한 승리하기 위해 필사적입니다. 사냥에 실패하면 하루를 날릴 뿐이지만, 전쟁에서 패하면 나라가 망할 수도 있습니다. 인간의 삶을 쉽게 망치는 가장 나쁜 쾌락은 도박입니다. 그런데 전쟁이란 바로 왕들의 도박입니다. 장차 전하께서는 마땅히 멀리하셔야 할 것입니다."

왕자는 마음이 불편했지만, 고개를 끄덕이지 않을 수 없었다. 모두 옳은 말이었기 때문이다. 왕자가 물었다.

"그렇다면 군주가 취해야 할 쾌락은 어떤 것이오?"

모어가 답했다.

"좋은 통치를 하는 것이야말로 군주에게 가장 좋은 쾌락입니다. 전하께서는 선을 권하고 악을 벌하여, 백성들로 하여금 자연스러운 덕을 좇고 기꺼이 생업에 종사하도록 해야 합니다. 이런 통치가 이루어지면 백성들은 저절로 올바른 정신적 쾌락을 누릴 수 있는데, 이야말로 군주의 가장 좋은 쾌락입니다."

왕자는 한동안 깊은 생각에 잠겨 있었다. 이윽고 고개를 끄덕이더니 아주 진지하게 말했다.

"좋은 말이오. 내 그대의 조언을 잊지 않겠소."

[14] 에피쿠로스(Epicurus; 기원전 341~270): 고대 그리스 사모스 섬 출신의 철학자로 아테네에서 활동했다. 원자론에 입각한 독특한 세계관을 펼쳤다. 또한 쾌락의 추구를 인생의 목적으로 삼았는데, 쾌락은 고통에서 벗어나는 것이란 입장을 취했다. 소수의 사람들이 공동생활을 하면서 질박한 식사를 하고, 미신에 미혹되지 않고, 우애를 돈독히 하는 것 등을 쾌락을 추구하는 방편이라 주장했다.

[15] 스토아학파: 제논(Zenon; 기원전 335~263)에 의해 창시된 고대 그리스 철학 학파. 모든 것이 물질로 구성되었다는 유물론적 세계관과 고통뿐 아니라 쾌락마저 초월하여 진정한 정신적 자유를 추구해야 한다는 금욕주의 사상으로 유명하다. 그리스·로마 시대는 물론 중세를 거쳐 근대를 이르기까지 서양의 철학사에 지대한 영향을 끼쳤다.

7

왕자, 다시 불량배들에게 쫓기다

왕자는 모어와 대화를 나누는 것이 매우 즐거웠다. 가끔 너무 정곡을 찔러 불편할 때도 있지만, 그는 놀라울 정도로 박학다식했다. 어느덧 왕자는 이런 인물이 법관 자리에서 물러나 있는 것은 국가적 손실이라 생각하기에 이르렀다. 그와 이야기를 나누며 걸으니 꽤 오랜 시간이 흘렀음에도 별로 피곤하다는 생각이 들지 않았다. 그러다가 문득 숲길을 걷고 있다는 사실을 깨달았다. 길잡이 역할을 하는 것은 물론 헨던이었다. 왕자는 헨던에게 물었다.

"헨던, 우리 지금 어디로 가는 거지?"

"그야 물론……."

무심코 대답하려던 헨던은 잠깐 말을 멈췄다가, 작은 소리로 "왕궁이죠."라고 대답했다.

헨던은 뭔가 잘못된 게 아닌가 하는 생각이 들었다. 지금 왕궁으로 가고 있는 것은 사실이었다. 그런데 왜 왕궁으로 가나? 저 아이가 왕자라면 당연히 왕궁으로 가야겠지만, 사실 그럴 리가 없지 않은

가! 그렇다면 지금 자신은 왜 왕궁을 향하고 있단 말인가?

헨던은 가벼운 현기증을 느꼈다. 왕궁으로 가는 것은 황당한 일이었지만, 그렇다고 달리 갈 곳이 있는 것도 아니었다. 헨던은 자기도 모르게 모어를 바라봤다. 그도 어느덧 모어에게 심리적으로 의지하고 있었던 것이다. 그가 저 아이를 왕자로 대하는 이유는 알 수 없었지만, 아무튼 그가 매우 현명하다는 점에는 의심의 여지가 없었다.

한편 모어도 헨던의 시선을 의식했고, 그 의미도 이해했다. 모어는 걱정 말라는 듯 가볍게 고개를 끄덕였다. 그래서 헨던은 일단 왕궁을 향해 계속 가기로 했다. 정말로 왕궁에 가진 않더라도, 일단 시내로 가면 아이의 진짜 가족이라도 찾을 수 있을 것이기 때문이었다.

이런 생각들을 하다 보니, 헨던은 그 아이, 즉 왕자가 여러 번 부르는 데도 듣지 못했다. 왕자가 짜증 섞인 큰 소리를 냈다.

"이봐! 헨던!"

그제야 비로소 헨던이 황급히 왕자를 돌아보았다.

"아 왕자님, 부르셨나요?"

"그래, 대체 무슨 생각을 그리 하고 있는 건가?"

"아, 별거 아닙니다. 근데 무슨 일이신지?"

"지금 우리 너무 멀리 돌아가고 있는 것 아닌가? 왜 이런 숲 속을 지나야 하지?"

"네, 그건 어제 그 악당들과 마주치지 않기 위해서입니다. 아무리 제가 용감하고 히슬로드 님이 지혜롭다 해도, 저들은 수가 너무 많습니다. 그놈들은 아마 어제 우리가 지났던 길 주변에서 잔뜩 벼르고 있을 겁니다. 그런 놈들 머리 굴리는 거야 뻔하거든요. 그런데 우리가 군이 그쪽으로 가 줄 필요는 없죠."

들고 보니 일리 있는 말이었다. 왕자는 의견을 구하듯 모어를 슬쩍 돌아봤다.

"역전의 용사답게 노련하고 타당한 추론입니다. 역시 직접 행동하는 일에는 헨던이 저보다 낫군요."

그러자 왕자도 빙긋 웃으며 흡족한 표정으로 헨던을 쳐다봤다. 헨던은 잠시 자랑스러웠다가 이내 민망해졌다.

'대체 저 노인과 아이가 뭐라고 내가 이렇게 우쭐거리나. 이건 나답지 않은데.'

참 신기한 일이었다. 헨던은 산전수전을 다 겪은 인물이었다. 귀족으로 태어나 나름 좋은 교육을 받았고, 전쟁터에서 싸우기도 했으며, 불운하게 포로 생활까지 했다. 이토록 많은 경험을 하며 다양한 사람을 만났고, 그중에는 빼어난 인물도 많았다. 그러나 이 토머스 히슬로드라는 사람처럼 저절로 따르게 되는 압도적인 인물은 없었다.

사실 법관은 당대의 초일류 인재들이 맡는 직책이었다. 그러나 법관들 중에서도 히슬로드만큼 출중한 인물은 드물 거라는 생각이 들 정도로 그의 인품과 학식은 뛰어났다. 헨던은 이만한 인물이 오랫동안 야인으로 지낸 이유가 궁금했다. 그러나 아무래도 함부로 물어 볼 문제는 아니었다. 때문에 그는 잠시 말없이 걷다가 문득 생각났다는 듯 불쑥 물었다.

"아 참, 히슬로드 님. 실례지만 뭐 좀 여쭤 봐도 될까요?"

모어가 썩 달갑지 않은 표정으로 말했다.

"뭔가? 정 실례라면 안 묻는 게 현명할 텐데."

헨던은 별로 당황하지도 않고 솔직하게 말했다.

"그렇지만 너무 궁금한데요."

그 솔직함에 모어가 쓴웃음을 지으며 말했다.

"정 그러면 물어보게."

"예전에 법관이셨다고 했는데, 언제쯤 그만두신 겁니까?"

모어의 쓴웃음이 한층 짙어졌다. 그런데 왕자가 불쑥 끼어들며 확인하듯 물었다.

"토머스 모어 경이 런던 탑에 갇혔을 때쯤이라 하지 않았소?"

모어는 다소 굳은 표정으로 답했다.

"그렇습니다, 전하."

헨던은 가만히 고개를 끄덕이며 생각했다.

'모어 경의 심복이었던 모양이군. 모어 경의 죽음 때문에 끈이 떨어진 건지 아니면 절망에 빠진 건지 몰라도, 아무튼 그가 법관직에서 물러난 건 모어 경의 몰락 때문이겠군.'

이어서 헨던은 또 다른 질문을 했다.

"그럼 관직에서 물러난 후로는 뭘 하면서 지내셨습니까?"

왕자도 궁금한 듯 모어의 얼굴을 물끄러미 바라봤다. 웬일인지 모어는 그답지 않게 약간 당황스러워 하더니, 천천히 답했다.

"그냥 뭐, 책도 읽고……. 또 여행도 하고 그랬지."

여행이란 말에 호기심이 동한 왕자가 물었다.

"여행을 많이 다녔소? 어디 어디를 가 봤소?"

"가까이는 프랑스, 에스파냐, 이탈리아부터, 멀리는 적도 너머[16]까지 가 봤습니다."

"적도 너머? 그렇게 멀리까지 가 봤소?"

"네."

왕자는 큰 흥미를 느꼈는지 눈을 동그랗게 뜨고 계속 물었다.

"적도 너머에는 어떤 나라들이 있소?"

왠지 모어는 점점 난처한 얼굴이 되고 있었다.

"음, 뭐 아마우로툼이라던가 아네몰리아라던가 하는 작은 나라들이 있습니다.[17]"

적도 너머 소국들의 이름을 들은 왕자가 눈을 빛내며 중얼거리듯 말했다.

"아마우로툼, 아네몰리아……. 굉장히 특이한 이름들이군."

모어가 담담하게 답했다.

"네, 좀 특이하더군요."

"그 나라들은 어떤 곳이오?"

모어는 다시 난처한 듯 말을 얼버무렸다.

"네, 워낙 작은 나라들인 데다가, 오래 머물지 못해서 자세한 실정까지는 잘 모르겠습니다."

"흠, 아쉽군. 궁금하네. 나도 언제 한번 가 봤으면 좋겠군."

그러자 모어가 평소의 미소를 되찾으며 말했다.

"전하, 국왕은 나라를 오래 비우는 법이 아닙니다. 리처드 2세[18]가 왕위를 빼앗긴 것은 에드워드 3세와 흑태자가 프랑스와의 전쟁으로 나라를 오래 비웠던 탓입니다. 그들의 부재를 틈타 국내의 야심가들이 힘을 기를 수 있었죠."

그러자 왕자는 다소 긴장한 얼굴로 답했다.

"맞소. 그런 일이 있었지."

그리고 잠시 생각에 잠겼다가 무겁게 덧붙였다.

"왕이란 자리는 의외로 자유롭지 못하군."

그러자 모어가 웃으며 말했다.

"전하, 왕위는 가장 자유로운 자리이자 가장 자유롭지 못한 자리입니다."

왕자는 고개를 끄덕였다.

"그 말이 옳은 것 같소."

이런저런 이야기를 나누며 걷다 보니 어느새 하늘이 어둑해졌다. 아직 어린 왕자의 발걸음이 느린 데다, 대화를 나누며 느긋하게 걷다 보니, 이동 시간이 꽤 오래 걸린 것이다.

헨던은 슬슬 걱정되기 시작했다. 예상치 못한 곳에서 또 밤을 맞게 생겼기 때문이었다. 런던 시내에 가면 여관이나 여인숙을 잡을 수 있겠지만, 이 산길을 내려가 봐야 변두리일 텐데 마땅한 숙소가 있을지 의문이었다. 또한 마을을 뒤지며 숙소를 찾는 도중에 재수 없게 또 어떤 질 나쁜 패거리와 마주칠지도 모르는 일이었다.

그리고 헨던의 예상은 가장 운 나쁜 방향으로 맞아떨어졌다. 산길을 내려와 마을로 들어서자 이미 어두컴컴한 밤이 되었고, 얼마 지나지 않아 존 캔티 패거리와 맞닥뜨렸던 것이다. 패거리 중에는 늘상 캔티의 뒤꽁무니를 졸졸 따라다니는 휴고라는 젊은이가 있었는데, 눈치도 빠르고 행동이 민첩했다. 산길에서 내려와 마을을 둘러보던 왕자 일행을 가장 먼저 발견한 것도 그였다.

"어어, 저기 좀 봐! 저놈들 혹시 그놈들 아냐?"

그 말에 존 캔티가 황급히 쳐다보니, 정말로 자기 아들 톰(하고 똑같이 생긴 왕자)과, 창백한 노인, 그리고 칼을 차고 있던 그 재수 없는 젊은이가 두리번거리며 골목을 헤매고 있었다. 캔티는 당장 그들을 덮쳐 아들을 뺏어 오고 싶었지만, 아무래도 헨던이 두려웠다. 사실 여섯 명의 건장한 사내들인 캔티 일당이 노인과 아이가 딸린 남자 한

명을 이기지 못할 이유는 없었다. 그러나 그들은 친구의 아들을 되찾기 위해 칼을 든 위험한 상대와 맨손으로 싸울 만큼 의리 깊은 자들이 아니었다. 그래서 캔티는 휴고에게 몽둥이나 부지깽이 등을 모아 오라고 시키고, 나머지 일행과 숨죽여 왕자 일행의 뒤를 밟았다.

잠깐의 시간이 흘렀다. 왕자 일행은 아직 숙소를 구하지 못한 반면, 휴고는 몽둥이 등을 모아 패거리에 합류했다. 무기를 손에 든 캔티 일당은 용기가 치솟았다. 마침 왕자 일행이 깊숙한 골목으로 들어서는 모습이 보였다. 이제 덮치기만 하면 되는 것이다. 그런데 모어가 이를 눈치챘다. 그는 침착하게 나직한 목소리로 말했다.

"전하, 별로 반갑지 않은 자들이 우리를 따라오는 것 같군요."

그 말에 왕자와 헨던이 깜짝 놀라 뒤돌아봤다. 캔티 일당도 그것을 눈치챘다. 그들은 서로 눈짓을 주고받더니 별안간 달려오기 시작했다. 헨던은 망설임 없이 칼을 뽑으며 왕자에게 다급하게 외쳤다.

"왕자님, 어서 도망치세요!"

왕자가 떨리는 목소리로 말했다.

"뭐? 안 돼. 어찌 그대만 두고……."

그 말을 모어가 받았다.

"왕자님, 걱정 마십시오. 저도 젊을 적에 무술을 약간 익힌 몸입니다. 미력하나마 헨던을 돕겠습니다. 어서 도망치세요."

"그런데 나 혼자 도망치면, 나중에 그대들이 나를 어떻게 찾을 수 있겠소?"

헨던이 들어 보니 과연 옳은 걱정이었다. 그래서 모어에게 그냥 왕자님과 함께 가라고 말하려는 찰나에 모어가 먼저 말했다.

"걱정 마십시오. 전하께서 어디에 계시든, 저는 얼마든지 찾아갈 수 있습니다."

그 말에 왕자가 모어를 쳐다보니, 평소와 다를 바 없는 잔잔한 미소를 짓고 있었다. 그 미소를 보니 왕자는 왠지 마음이 놓였지만, 냉큼 혼자 도망칠 수는 없는 노릇이었다. 왕자가 여전히 망설이자 모어가 다급한 목소리로 소리쳤다.

"전하, 헨던은 저들을 물리칠 수 있고, 저는 전하를 찾을 수 있습니다. 어서 가세요!"

결국 왕자는 그의 말을 따랐다. "그럼 그대들을 믿겠소!"라는 말을 남기고 왕자는 달리기 시작했다.

[16] 《유토피아》에서 유토피아 사람들은 잉글랜드를 '적도 너머'라고 칭한다.

[17] 아마우로툼과 아네몰리아는 모두 《유토피아》에 나오는 도시 국가들이다.

[18] 리처드 2세(재위: 1377~1399): 백년전쟁을 일으킨 에드워드 3세의 손자이자 흑태자 에드워드의 아들. 그는 본문의 에드워드 6세와 마찬가지로 열 살의 어린 나이에 왕위에 올랐다. 그러나 조부와 부친이 오랫동안 전쟁터에 나가 있는 동안 숙부 곤트의 존이 국내에서 세력을 키웠으며, 결국 그의 아들 헨리 4세에게 왕위를 빼앗겼다.

8

왕자,
은둔자에게
목숨을
위협받다

왕자는 무작정 정신없이 달렸다. 얼마 후 골목길을 빠져나오자 어두운 숲이 앞을 가로막고 있었다. 왕자는 드디어 발을 멈추고 숨을 고르며 고민에 잠겼다.

'이제 어떡하지? 다시 골목으로 돌아가자니 악당들과 마주칠 것 같고, 그렇다고 숲 속으로 들어가자니 나중에 히슬로드와 헨던이 날 찾기 힘들 것 같고……. 어쩌면 좋지?'

망설이던 왕자의 머릿속에 문득 모어가 했던 말이 떠올랐다.

'전하께서 어디에 계시든, 저는 얼마든지 찾아갈 수 있습니다.'

그 말을 떠올리자 마치 그의 음성이 환청처럼 들려오는 듯했다. 왕자는 생각했다.

'그는 절대로 허튼소리를 할 사람이 아니다.'

엊그제 처음 만났지만, 왕자는 그를 깊이 신뢰하고 있었다. 하긴 어쩌면 당연한 일이었다. 그는 원래 당대에 가장 현명하고 가장 양심적인 인물인 토머스 모어였으니까.

아무튼 왕자는 과감히 숲 속으로 뛰어들었으나, 막상 숲 안에 들어서니 어디로 갈지 방향조차 가늠할 수 없었다. 멍하니 서 있으려니 여러 소리가 들려오기 시작했다. 이름 모를 새와 벌레가 구슬프게 우는 소리, 풀과 나뭇잎이 바람에 서걱서걱 스치는 소리가 들려왔다. 이미 해가 넘어가 사위가 어두우니 작은 생명들이 내는 소리조차 매우 선명하게 들렸다. 왕자는 숲이 그토록 소란스러운 곳임을 처음 깨달았다. 그리고 그 깨달음은 곧 두려움으로 변했다. 가만히 있자니 두려움이 점점 커져서 왕자는 무작정 발걸음을 옮기기 시작했다. 그러나 막상 걷기 시작하자 이제는 몸의 고통이 뒤따랐다. 변변한 길도 없는 숲 속을 한 치 앞도 보이지 않는 어둠 속에서 걷다 보니, 뿌리나 넝쿨에 걸려 넘어지거나 풀잎에 베이고 가시에 찔렸던 것이다.

이윽고 왕자의 눈에서 괴로운 눈물이 흘러내릴 무렵, 저 멀리 불빛이 보였다. 그것은 사람이 있다는 의미였으므로, 왕자는 기대감과 두려움을 동시에 느꼈다. 그 사람이 도움을 줄지 해를 끼칠지 알 수 없었기 때문이다. 잠시 망설이던 왕자는 이내 불빛을 향해 과감히 발걸음을 옮겼다. 그곳에 어떤 사람이 있을지는 알 수 없으나, 그래도 이 어둠 속에 있기보다는 불빛 곁에 있는 것이 히슬로드와 헨던이 자신을 찾기 쉬우리라는 영리한 판단을 한 때문이었다.

불빛은 작은 오두막의 유리 없는 작은 창에서 새어 나오고 있었다.

워낙 아담한 오두막이라 키 작은 왕자도 창가에 매달려 안을 들여다 볼 수 있었다.

정말 초라한 곳이었다. 바닥은 아무것도 깔지 않은 맨 흙바닥이었다. 살림도 거의 없었다. 나무로 만든 긴 의자, 작은 의자가 하나씩 있었고, 골풀로 만든 볼품없는 침대 하나가 있었다. 구석에는 낡은 난로가 있었고, 그 곁에는 큰 들통이 있었는데, 그 안에는 냄비와 프라이팬이 들어 있었다. 특이한 점은 반대편 구석에 조그만 제단이 하나 마련되어 있다는 것이었다. 제단 위에는 책이 한 권 펼쳐져 있고, 촛불 한 개가 켜져 있었으며, 그 앞에 웬 노인이 무릎을 꿇은 채 뭔가 중얼거리고 있었다. 노인은 체격이 꽤 컸으며, 머리와 수염이 마치 눈처럼 하얬다. 히슬로드보다도 훨씬 늙어 보이는 진짜 노인이었다. 몸에는 때가 덕지덕지 묻은 지저분한 양가죽 옷을 걸치고 있었는데, 이는 당시 성직자들이 은둔할 때 주로 입는 의상이었다. 노인이 중얼거리는 소리도 기도인 것 같았고, 제단 위의 책은 성경으로 보였다. 왕자는 생각했다.

'은둔 중인 성직자구나! 어제는 착한 모녀들을 만났는데, 오늘은 경건한 은둔자를 만나는군. 그래도 내가 운이 좋구나.'

왕자는 안심하고 오두막의 쪽문을 두드렸다. 그러자 안에서 크고 쉰 목소리가 답했다.

"들어오시오! 하지만 이 안의 땅은 신성한 땅이니 죄는 버리고 오시오!"

왕자가 안으로 들어가자, 은둔자는 다소 의아한 듯 왕자를 위아래로 훑어보았다.

"얘야, 넌 누구냐?"

왕자는 차분히 답했다.

"난 이 나라의 왕자다."

그러자 은둔자는 눈을 빛내며 자리에서 일어서 양손을 들고 왕자를 격하게 환영했다.

"오, 왕자님! 환영합니다!"

은둔자는 열광했다. 그는 왕자를 만난 행운에 진심으로 감격한 것 같았다. 나이에 걸맞지 않게 펄쩍펄쩍 뛸 기세였다. 왕자는 그 격한 반응에 오히려 심기가 불편해졌다. 그런데 은둔자가 갑자기 흥분을 가라앉히며 확인하듯 되물었다.

"그런데 왕자라면, 무슨 왕자님이신 건지요?"

왕자가 왜 당연한 걸 묻느냐는 듯 약간 성가신 목소리로 답했다.

"이 나라에 왕자가 하나밖에 더 있느냐. 나는 잉글랜드의 유일한 왕자, 웨일스 대공 에드워드다."

그러자 은둔자는 다시 만면에 웃음을 띠며 큰 소리로 환영의 말을 떠벌렸다.

"환영합니다, 전하! 이 나라의 왕자시며 웨일스의 대공이신 에드워드 전하, 진심으로 환영합니다! 제가 은둔을 시작한 후 십 년 동안 이 성전에 여러 사람들이 찾아왔지만, 저는 다 내쫓았습니다. 왜냐! 그들은 속세에 찌들어 더러운 물이 든 쓸모없는 작자들이었으니까요. 하지만 전하께선 다르십니다. 고귀한 신분으로 왕관과 비단옷을 벗고 이처럼 험한 누더기를 걸치고 계시다니, 이 얼마나 위대한 분입니까! 다시 한 번 환영합니다, 전하! 죽을 때까지 여기 계셔도 됩니다!"

은둔자는 놀라울 정도로 수다스러웠다. 마치 홀로 은둔하며 사는 동안 아껴 뒀던 말들을 오늘 다 쏟아내기로 작정이라도 한 듯 했다. 왕자는 몹시 당황했다. 왕자는 그의 입을 막고 싶은 충동을 느꼈다. 그러나 아무것도 모르는 은둔자는 거침없이 떠들었다.

"기왕에 이곳을 찾으셨으니, 전하께서 영원한 평화와 안식을 누리실 수 있도록 제가 전력을 다해 돕겠습니다. 전하께선 매일 여기서 기도를 올리시고 성경을 공부하시고 딱딱한 빵과 맹물만 드시고 저처럼 양가죽을 걸치시고 하루에 한 차례 스스로에게 채찍질을 하며 몇 년 동안 고행을 하셔야 합니다."

왕자는 매우 혼란스러웠다. 내가 왕자인 걸 알면서 저토록 터무니없는 요구를 하다니, 대체 이게 무슨 소린가 싶었다. 그러나 은둔자는 왕자의 생각이 채 정리되기도 전에 잽싸게 말을 이었다.

"그리고 고귀한 왕자님께 감히 제 신분을 밝히겠습니다."

왕자가 물끄러미 바라보자, 그는 왕자의 눈을 똑바로 마주보며
엄숙하게 말했다.

"저는 천사장입니다."

"아아."

왕자는 그제서야 비로소 깨달았다.

'미친 자로구나.'

왕자는 울고 싶어졌다. 악당들을 피해 도망친 끝에 만난 것이 하
필 미친 사람이라니! 왕자는 히슬로드의 어질고 현명한 얼굴과 헨던
의 선하고 씩씩한 얼굴이 견딜 수 없을 정도로 그리웠다.

'그들은 지금 어디서 뭘 하고 있을까? 날 찾고 있을까? 정말로
날 찾을 수 있을까?'

그러나 은둔자는 아랑곳하지 않고 자기 할 말만 했다.

"어떻습니까, 전하? 척 보시기에도 제가 다른 사람들과는 분위
기부터 확 다르지 않습니까?"

왕자는 다른 의미로 솔직하게 답했다.

"과연 그러하오."

왕자의 입에서 긍정의 소리가 나오자 그는 한껏 의기양양해졌다.

"역시! 역시 왕자님께서는 한눈에 알아보시는군요! 과연 일국의
왕자다운 놀라운 통찰력이십니다!"

찬사를 받아도 왕자는 전혀 즐겁지 않았다. 떨떠름한 표정으로

그저 고개만 끄덕이고 있는데, 은둔자가 들뜬 얼굴로 제단 옆을 가리키며 외쳤다.

"자, 전하, 저길 보십시오!"

그곳에는 사람 두개골로 보이는 해골이 하나 있었다. 왕자가 흠칫하며 물었다.

"저, 저게 뭐요?"

은둔자는 장황하게 답했다.

"저는 이곳에서 오랫동안 고행한 대가로, 5년 전에 하느님의 계시를 받아 천사장에 임명되었습니다. 물론 그 후로도 고행을 중단하지 않고 오늘까지 계속해 왔죠. 그런데 지금으로부터 2년 전, 비바람이 몰아치던 어느 날이었습니다. 그날 밤, 어떤 이가 비바람 속에서 숲 속을 헤매다 하느님의 도움으로 이 오두막을 찾아 들어왔죠. 그런데 그자가 불경스럽게도! 이 몸이 천사장이라는 신분을 밝히자 저를 마구 비웃는 게 아니겠습니까? 그래서!"

은둔자는 숨을 고르느라 잠시 말을 멈췄다. 왕자가 침을 꼴깍 삼키며 물었다.

"그래서?"

은둔자는 얼굴에 잔잔한 미소를 띤 채 해골을 바라보며 답했다.

"그래서 하느님의 천사장을 비웃는 자는 어떤 운명에 처하게 되는지 가르쳐 줬습니다."

왕자는 생각했다.

'빨리 여기서 나가야 해.'

그러나 은둔자는 틈을 주지 않고 계속 지껄이며 손을 내밀었다.

"전하, 제 손을 잡으십시오."

왕자는 전혀 내키지 않았지만, 할 수 없이 쭈글쭈글한 손을 잡았다. 은둔자는 손을 잡은 채 눈을 빛내며 말했다.

"전하, 이 손이 어떤 손인지 아시겠습니까?"

왕자는 슬며시 손을 빼며 답했다.

"잘 모르겠는데."

은둔자는 자신의 손을 뚫어지게 바라보며 말했다.

"5년 전에 천사장이 될 때 천사들과 악수한 손입니다. 가브리엘이나 미카엘 같은 천사들 말입니다."

왕자는 거짓으로 감탄했다.

"대단하오."

왕자는 곧 왕위에 오를 자신이 이런 곳에서 저런 자의 비위나 맞추고 있어야 하는 현실이 몹시 서글펐으나, 달리 어쩔 도리가 없었다. 은둔자는 좀처럼 입을 다물 생각이 없어 보였다.

"어떻습니까, 전하? 영광스럽지 않으십니까?"

"오, 물론 영광스럽소."

왕자는 더욱 서글퍼졌고, 은둔자는 더욱 들떴다.

"전하, 사실 저는 천사장 따위로 만족할 인물이 아닙니다."

왕자가 거의 체념한 목소리로 물었다.

"그러면?"

은둔자는 가슴을 쭉 펴고 의기양양하게 말했다.

"저는 원래 수도원장이나 주교는 물론 교황도 될 수 있는 몸이었습니다!"

"아아."

왕자는 이제 서글픔을 넘어 짜증 나는 단계로 접어들었다. 대체 언제까지 이 끝없는 헛소리를 들어야 한단 말인가! 왕자는 이 노인을 단박에 때려눕힐 완력조차 없는 가냘픈 육체가 원망스러웠으나, 어쩔 수 없이 그의 비위를 맞춰야 할 입장임을 망각하지 않았다.

"그대가 교황이 못된 것은 애석한 일이오. 하지만 천사장이 교황보다 더 높은 것 아니오?"

진심 어리지 않은 위로는 의외로 효과가 컸다. 은둔자의 분노가 잠시 누그러들었다.

"따지고 보면 그렇습니다. 역시 현명하시군요. 사실 천사장이 교황보다 높긴 하죠."

그는 잠시 우쭐했다. 그러나 그야말로 잠시였다.

"그러나! 그러나 현실은 그렇지 않습니다!"

이제 왕자는 할 말을 잃고 그저 듣기만 했다.

"교황이 되면, 사람들의 추앙을 받고, 왕후장상도 눈치를 봅니다! 그러나! 그러나! 사람들은 천사장에 대해서는 신경을 쓰지 않아요!"

은둔자의 목청이 점점 커졌다. 분노가 점점 강해지고 있다는 뜻이었다. 왕자는 아직 어렸지만, 그의 심리 상태가 자기 안전에 직결된다는 사실을 인식할 만큼 총명했다. 왕자는 어떻게든 그를 위로해주려고 말했다.

"그 대신 그대는 천사들을 만날 수 있지 않소?"

그러나 그 말은 도리어 역효과를 봤다.

"요즘은 천사들도 좀처럼 저를 찾아오지 않아요!"

왕자는 울고 싶었지만, 포기하지 않고 화제를 돌리려 애썼다.

"참 안타깝소. 그런데 그대는 어쩌다 교황이 아닌 천사장이 된 거요?"

뜻밖에 그 말은 즉시 효과를 봤다. 천사장, 아니 은둔자는 순간 멈칫하더니 고개를 숙이고 골똘히 생각에 잠겼다. 얼마 후 그는 내뱉듯이 말했다.

"폭군 때문입니다."

왕자는 흠칫했다.

"폭군이라니, 누구 말인가?"

은둔자는 고개를 들어 왕자를 바라보며 말했다.

"누구긴 누구겠습니까! 저 빌어먹을 헨리 8세죠!"

왕자는 기가 막혀 말을 잃었다. 이렇게 자기 면전에서 대놓고 부왕 욕을 하다니! 반면 은둔자는 거침없이 떠들어댔다.

"저 미친 폭군 헨리가 십여 년 전에 수장령인지 뭔지로 이 나라의 모든 성직자들을 박해하지 않았습니까! 그 폭군이 제가 있던 수도원에도 그 빌어먹을 것을 받아들이라고 강요했습니다. 그러나 그 얼토당토않은 명령을 거부하자, 그는 수도원에 딸린 토지를 몰수하고, 수도사들을 내쫓고, 수도원 문을 닫아 버렸습니다. 그래서 저 역시 갈 곳이 없어 떠돌아다니다가 이렇게 은둔하게 된 것이죠."

1534년, 헨리 8세는 잉글랜드 교회의 수장은 교황이 아니라 국왕이라는 수장령을 선포했다. 이 수장령을 받아들인 교회들은 가톨릭이 아닌 국교회(성공회)로 불리게 되었다. 반면, 수장령을 거부한 교회들은 은둔자의 말처럼 심한 탄압을 받았다. 그런 교회들의 재산과 토지는 모두 왕실에 압수당했고, 성직자들은 처형당하거나 숨어 지냈다. 헨리 8세는 그때 몰수한 재산과 토지를 바탕으로 왕권을 더욱 강화시킬 수 있었다.

왕자도 그런 전말을 대충 알았으므로 은둔자에게 살짝 동정심이 일기도 했으나, 그가 거듭 퍼붓는 악담은 그마저 싹 가시게 만들었다.

"그래서 이토록 고결한 성직자인 저는 이런 곳에 처박혀서 좀처럼 나타나지도 않는 천사들이나 하염없이 기다리는 신세가 되었습니다. 이게 전부 포악한 헨리 때문이죠. 그 폭군이 감히 신성한 교황 성하를 무시하고 신실한 성직자들을 박해했기 때문입니다. 사악한 헨리만 아니었다면 저는 지금쯤 교황이 됐을 겁니다. 그런데 고작 천 사장이라니! 고작 천사장이라니! 빌어먹을 헨리여, 네놈은 아마 지 옥불 속에서 영원히 고통받을 것이다. 헨리 이놈, 지옥의 뜨거운 유 황불 속에서 네 비대한 몸뚱이는 고통스럽게 불탈 것이다."

그때였다. 마침내 인내심이 바닥난 왕자가 큰 소리로 꾸짖었다.

"네 이놈!"

예상 못한 일갈에 놀란 은둔자가 드디어 입을 다물었다. 왕자의 꾸짖음은 계속되었다.

"이런 미친놈, 무례한 놈, 이 역적놈아! 너야말로 진즉에 화형대 에서 불타 죽었어야 할 놈이다!"

은둔자가 어리둥절한 표정으로 물었다.

"아니, 전하, 갑자기 왜 그런 험한 욕을 하십니까?"

왕자는 더욱 크게 꾸짖었다.

"그걸 몰라서 묻는 게냐! 네가 부왕을 그렇게 욕하는데, 그 아들 인 내가 가만히 듣고만 있겠느냐!"

은둔자는 더욱 어리둥절한 표정으로 물었다.

"네? 전하가 헨리의 아들이라구요?"

왕자는 어처구니가 없었다.

"당연하지 않느냐? 정말 미친놈이 맞구나."

은둔자는 입을 다물고 깊은 생각에 잠겼다. 그러더니 얼마 후 눈빛을 이상하게 번득이며 음산한 목소리로 말했다.

"그래, 그렇겠군. 너는 헨리의 아들이겠군. 헨리는 왕이고 너는 왕자니까."

그러고는 혼자 킥킥거리며 웃었다. 이제까지의 공손한 말씨는 사라졌다. 왕자는 오싹한 기분이 들었다. 은둔자는 중얼거렸다 킥킥거렸다 하더니 들통 쪽으로 걸어갔다. 그리고 들통을 뒤적여 뭔가 꺼냈다. 뒤돌아선 그의 손에는 칼이 들려 있었다. 왕자는 흠칫 뒤로 물러섰다. 그러나 오두막이 워낙 좁아 물러설 곳도 없었다. 은둔자가 서서히 다가오며 차분하게 말했다.

"가엾은 왕자여."

그의 눈에서는 눈물이 뚝뚝 떨어지고 있었다.

"애비를 잘못 만난 죄로 이렇게 생을 빨리 마감하게 되다니, 얼마나 가여운고."

왕자의 눈에도 눈물이 맺혔다. 그 눈물은 두 가지 이유에서 비롯된 것이었다. 일단 저 늙은이 하나 당해 내지 못하는 자신의 연약함이 분했다. 그리고 나라의 앞일이 걱정되었다. 부왕이 승하하신 마당에 자신마저 허무하게 죽는다면, 왕좌에는 누가 앉는단 말인가? 설마 거지 톰이 정말로 왕이 되는 걸까? 그렇다면 고귀한 튜더 왕조[19]

의 혈통은 어찌 되는 것인가? 그리고 톰이 과연 이 나라를 제대로 이끌 수 있겠는가? 감정이 복받친 왕자는 큰 소리로 울부짖었다.

"아아, 잉글랜드여, 아름다운 잉글랜드여! 장차 너는 어찌 되려는가!"

그때였다. 밖에서 후다닥 소리가 나더니 오두막의 작은 문이 벌컥 열렸다. 그리고 헨던과 모어가 차례로 들어왔다. 비좁은 오두막은 네 사람으로 꽉 찼다. 헨던이 모어에게 말했다.

"정말로 여기 계셨네요."

그리고 다시 왕자를 보며 말했다.

"왕자님, 별일 없으셨나요?"

모어도 언제나처럼 잔잔하게 웃으며 인사말을 건넸다.

"보십시오. 정말로 제가 잘 찾아왔죠, 전하?"

왕자는 너무 놀랍고 반가운 나머지 도리어 말문이 막혔다. 두 사람은 눈물범벅이 된 왕자의 모습을 보고 고개를 갸웃했다. 문득 헨던이 손에 칼을 든 채 구석에 머쓱하게 서 있던 은둔자를 주목했다. 그리고 왕자에게 물었다.

"저 노인은 누군가요?"

그 물음에 간신히 정신을 수습한 왕자가 눈물을 닦으며 답했다.

"미친 자다. 나를 죽이려 한다."

그러자 모어와 헨던은 마주보며 시선을 교환했다. 헨던이 은둔자에게 물었다.

"노인장은 누구시오?"

잠시 망설이던 은둔자는 당당하게 가슴을 쭉 펴며 답했다.

"나는 천사장이다."

그 말에 두 사람은 다시 마주보며 고개를 끄덕였다. 왕자의 말이 옳았다. 헨던이 은둔자를 똑바로 노려보며 위협적으로 말했다.

"일단 그 칼을 내려놓으시오."

그러나 은둔자는 코웃음을 치더니 몹시 거만한 태도로 말했다.

"나는 하느님의 천사장이며, 이제 하느님의 명을 받아 폭군의 아들을 처형하려 한다. 네 어찌 감히 나를 막아서느냐? 썩 물러 서거라!"

헨던이 말했다.

"아유, 짜증 나."

헨던은 진심으로 짜증이 났다. 기껏 몽둥이 든 악당들을 물리치고 왔더니, 이제 칼 든 미친 노인을 상대하게 되었기 때문이다. 헨던은 더 말할 것도 없이 성큼성큼 다가가 은둔자의 손목을 비틀어 칼을 떨어트렸다. 그리고 냉큼 그 칼을 주워 창밖으로 냅다 던져 버렸다. 이어서 오두막의 작은 문 앞을 막아선 후, 미간을 찌푸린 채 손목을 어루만지고 있는 은둔자에게 명령했다.

"저 안쪽 구석에 있는 침대에 앉으시오."

은둔자는 잠시 그를 물끄러미 바라보더니 이윽고 고분고분히 침대 위에 가서 앉았다. 조금 전까지 발광하던 모습과는 딴판이었다. 그 온순한 모습에 왕자는 허탈해졌고, 극심한 피로가 몰려왔다. 그런 왕자에게 헨던이 물었다.

"왕자님, 대체 어떻게 된 겁니까? 저 노인이 왜 왕자님을 해치려 한 겁니까? 그리고 천사장이라니, 무슨 소리죠?"

이제 안정을 되찾은 왕자가 차분히 자초지종을 설명했다. 은둔자는 마치 목석처럼 가만히 앉아 있었다. 가끔 뭐라고 중얼거렸는데, 아마 기도 소리인 것 같았다. 이야기를 다 들은 헨던은 조금은 늙은 은둔자가 가엾다는 생각도 들었다. 비록 어릴 적 일이지만, 수장령으로 인한 혼란은 그도 겪은 바가 있었다. 아버지가 빨리 개종하지 않았다면 헨던 가문도 무슨 일을 겪었을지 알 수 없었다. 한편, 모어 또한 깊은 생각에 잠겨 묵묵히 은둔자를 바라보고 있었다. 그의 눈은 왠지 슬퍼 보였다.

이번엔 왕자가 그들에게 물었다.

"그런데 어떻게 여길 찾아왔소? 그 악당들은 또 어떻게 했소?"

모어가 빙긋 웃으며 답했다.

"헨던의 절륜한 무술로 쉽게 쫓을 수 있었습니다."

그러자 헨던이 겸연쩍어 하며 말했다.

"별것 아닙니다. 그런 악당들은 근성도 의리도 없기 때문에, 우두머리만 쓰러트리면 나머지는 저절로 달아납니다. 존 캔티를 칼등으로 치고 발로 차서 자빠트렸더니 우르르 도망가더군요."

모어가 다시 헨던을 추켜세웠다.

"그런 뒷골목 패거리들은 헨던 같은 훌륭한 군인의 적수가 될 수 없죠."

쑥스러워진 헨던은 무용담을 서둘러 끝내고, 화제를 돌렸다.

"아무튼 히슬로드 님의 지혜 덕에 왕자님을 꽤 쉽게 찾았습니다. 히슬로드 님이 왕자님께서 숲으로 숨으셨을 거라 했죠. 그리고 밤눈이 엄청 밝으시더라고요. 풀이 쓰러지고 나뭇가지가 꺾인 흔적을 따라간 끝에 이 오두막을 발견했습니다."

왕자는 신기한 표정으로 모어를 바라봤다. 모어는 그저 빙그레 웃고 있었다. 헨던이 이야기를 마무리했다.

"그래서 오두막으로 가고 있는데, 갑자기 '잉글랜드여, 잉글랜드여!'하며 왕자님이 탄식하는 소리가 들렸습니다. 그래서 무슨 일이 났나 싶어 얼른 뛰어 들어온 것입니다."

말을 마치며 헨던은 다시 기분이 이상해졌다. 문득 이 아이가 진짜로 왕자답다는 생각이 든 것이다.

'참으로 놀라운 일이다. 그 절체절명의 순간에 목숨보다 나라 걱정을 앞세우다니. 이야말로 진정한 왕자의 모습 아닌가! 이 아이는 정말로 훌륭한 군주의 품성을 지니고 있지 않은가?'

헨던의 속을 모르는 왕자는 크게 한숨을 내쉬며 치하했다.

"그대들이 조금만 늦었더라도 하마터면 부왕을 뵐 뻔했소. 그대들 덕에 살았소. 정말 고맙구려."

왕자의 진심 어린 감사에 모어는 웃으며 고개를 숙였다. 헨던도 황급히 고개를 숙였으나 여전히 혼란스러웠다. 그래, 이 아이는 원래 이상했다. 뒷골목의 아이라기엔 지나치게 총명하고 유식하지 않은가. 극심한 혼란 때문에 헨던은 식은땀까지 흘렸다. 그러나 헨던은 부질없는 고민을 오래 붙들고 있을 성격이 아니었다. 그는 곧 명쾌하게 마음을 정리했다.

'그래, 그냥 이 아이를 진짜 왕자로 여기자. 아무래도 상관없잖아. 내가 애를 왕자로 여긴다 해도 실제로 반역을 저지르는 것도 아니고. 그냥 나만의 왕자로 생각하자. 이 애의 진짜 가족을 찾아 줄 때까지만 진짜 왕자님으로 대해 주자.'

그렇게 정하자 헨던의 마음이 한결 가벼워졌다. 한동안 웃으며 그를 바라보던 모어가 왕자를 향해 입을 열었다.

"자, 어찌 되었든, 전하, 오늘은 여기서 묵으셔야겠습니다."

그러나 왕자는 그를 물끄러미 바라볼 뿐 대답이 없었다. 아무래도 이 집에 계속 있는 것이 께름칙한 모양이었다. 그 생각을 읽은 모어가 덧붙였다.

"달리 갈 곳도 없지 않습니까?"

사실이었다. 그러나 왕자는 여전히 말이 없었다. 왕자를 달래듯 헨던이 말했다.

"왕자님, 안심하십시오. 이제 저 노인은 왕자님께 해를 끼칠 수 없습니다."

하긴 그랬다. 건장한 헨던이 있는데, 늙은 은둔자가 뭘 어쩌겠는가. 그래도 왕자는 마음이 놓이지 않았다.

"하지만 우리가 잠들었을 때 이상한 짓을 하면 어떡하지?"

그 말은 모어가 받았다.

"걱정 마십시오, 전하. 잠 없기로 소문난 제가 있잖습니까? 제가 잘 감시하겠습니다. 게다가, 저 노인은 이제 왕자님을 해칠 생각도 없어 보입니다."

이 또한 옳은 말이었다. 은둔자는 아까부터 기도마저 멈추고 꾸벅꾸벅 졸고 있었다. 방금 전까지 날뛴 게 믿어지지 않을 만큼 무기력한 모습이었다. 그런데 이번엔 헨던이 다른 걱정을 했다.

"그러나 히슬로드 님, 어제도 통 못 주무시지 않았습니까? 그런데 오늘 밤까지⋯⋯."

그러자 모어는 헨던을 향해 밝게 웃으며 말했다.

"하하, 난 정말로 잠이 없으니 걱정 말게. 혹시 너무 졸리면 자네를 깨우겠네. 그러면 되지 않겠나?"

모어의 슬기로운 말에 헨던과 왕자는 고개를 끄덕였다. 모어가 은둔자에게 말했다.

"이보오, 노인장. 오늘 밤은 저 긴 의자에서 주무셔야겠소."

그러자 은둔자는 얌전히 모포 한 장을 들고 긴 의자에 가서 누웠다. 모어가 왕자에게 말했다.

"자, 그럼 저는 저 노인을 감시하겠습니다. 전하는 헨던과 함께어서 주무십시오."

왕자는 본격적으로 잠이 쏟아지는지 하품을 하며 고개를 끄덕였다. 헨던이 모어에게 당부하듯 말했다.

"혹시 졸리시거든 언제든지 저를 꼭 깨우셔야 합니다."

모어는 빙긋 웃으며 고개를 끄덕이더니, 등불과 큰 촛불들을 끄고 작은 촛불 하나만 남겼다. 그리고 그것을 손에 든 채 왕자에게 다가와 빙긋 웃으며 속삭였다.

"자, 그럼 왕자님, 얼른 주무십시오. 내일은 아마 좋은 일이 있을 겁니다."

그러고는 작은 촛불을 일렁이며 은둔자가 누워 있는 쪽을 향했다. 왕자는 잠자코 그의 뒷모습을 바라보았다.

[19] 튜더 왕조(Tudor Dynasty; 1485~1603): 헨리 7세, 헨리 8세, 에드워드 6세, 메리 1세, 엘리자베스 1세로 이어지는 잉글랜드의 왕조. 잉글랜드 절대왕정을 성립시키고 훗날 대영제국으로 발전할 초석을 닦았다는 평가를 받는다.

9
—

모어,
종교에 관해
논하다

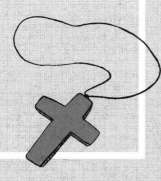

다시 아침이 밝았다. 산새 지저귀는 상쾌한 소리가 어젯밤의 소란을 믿어지지 않게 했다. 왕자 일행은 서둘러 오두막을 나왔다. 환영받은 손님이 아닌 만큼 굳이 더 머물 이유가 없었다. 헨던과 왕자는 몹시 배고팠지만, 뭔가 얻어먹는 건 포기했다. 일단 은둔자와 마주하고 식사할 기분도 아니었고, 가난한 그에게 뭘 얻어먹는 것은 도둑질과 같다는 생각이 들었다. 그래서 그들은 그냥 떠났다.

은둔자는 어젯밤 헨던에게 혼쭐이 난 후 단 한마디도 하지 않았고, 어느 순간부터인가 긴 의자에 누운 채로 깊은 잠에 빠져 있었다. 그는 왕자 일행이 떠나는 순간에도 여전히 잠들어 있었다.

집을 나서기 전, 왕자는 그 앞에 서서 잠든 모습을 잠시 지켜봤다. 늙은 은둔자는 마치 어린아이처럼 쌔근거리며 자고 있었다. 왕자는 가만히 그를 불러 봤다.

"은둔자여."

그러나 그는 세상모르고 잠만 잤다. 귀신이 잡아가도 모를 지경이었다. 왕자는 한동안 더 그 모습을 바라보며 깊은 상념에 젖어 있었다. 이윽고 왕자는 "잘 있으시오."라는 한마디 말을 남기고 돌아섰다.

일행은 오두막을 나와 다시 숲길을 걸었다. 어젯밤에 쫓겨 올 때는 경황이 없어 몰랐지만, 막상 길을 따라 걸으며 보니 마을과는 제법 멀리 떨어진 곳이었다. 왕자와 헨던이 주린 배를 움켜쥐고 하염없이 걷고 있는데, 문득 모어가 생각났다는 듯 주머니에서 작은 쌈지를 하나 꺼냈다. 그리고 그 안에서 말린 고기와 콩을 꺼내 왕자와 헨던에게 권했다. 몹시 허기졌던 그들은 체면상 사양하지도 않고 맛있게 먹었다. 모어의 비상식량을 먹고, 헨던이 오두막에서 채워 온 물을 마셨더니, 왕자는 비로소 기력을 조금 되찾았다. 그러자 닫혀 있던 말문도 트였다.

"저 노인은 어쩌다 저 지경이 된 걸까?"

첫마디부터 무거운 질문이었다. 이에 헨던은 물론이고, 모어조차 쉽사리 답하지 못했다. 한동안 침묵이 이어졌다. 이윽고 모어가 담담하게 입을 열었다.

"아마 자기가 살던 세상이 무너졌기 때문일 겁니다."

헨던은 묵묵히 고개를 끄덕였지만, 아직 어린 왕자에게는 너무 어려운 말이었다.

"그게 무슨 말이오?"

"이야기를 들어 보니, 저 노인은 젊었을 때 꽤 촉망받는 가톨릭 사제였던 듯합니다. 또한 나름 야심도 있었던 것 같고요. 뭐 교황이 될 몸이었다는 거야 미쳐서 하는 헛소리라 쳐도, 아무튼 꽤 높은 자리로 올라갈 생각이 있었나 봅니다."

여기서 모어는 한숨 돌리고 이야기를 이어 갔다.

"그가 얼마나 순탄하게 성직 생활을 했는지 모르겠으나, 수장령은 엄청난 충격이자 혼란이었을 겁니다. 가톨릭 사제로 성실히 살고 있는데, 갑자기 잉글랜드 교회가 가톨릭에서 통째로 떨어져 나왔으니까요. 그때 그는 가톨릭 신앙과 현실 속의 출세 중 하나를 포기해야 하는 극단적인 모순에 빠졌을 겁니다. 그는 아마 신앙을 지키는 쪽을 택한 것 같습니다. 그 대가로 오랜 세월 은둔하게 되었을 테고요. 그러다가 어느 순간, 은둔 생활의 괴로움과 수장령을 선포한 국왕에 대한 원망을 견뎌내지 못하고 그만 실성한 것 같습니다."

모어의 이야기를 조용히 듣고 있던 왕자가 물었다.

"부왕의 수장령이 그렇게 옳지 못한 것이었소? 그 당시 분위기는 어떠했소? 정말로 반발이 그렇게 컸소?"

한꺼번에 여러 질문을 쏟아내는 것을 보니 평소부터 궁금했던 모양이었다. 왕자는 당연히 독실한 국교회 신자였다. 그러나 국교회의 수립 과정에 큰 혼란이 있었다는 말을 익히 들어 온 탓에 궁금한 것이 많은 듯했다.

모어 입장에서는 여태까지 받은 질문들 중 가장 난감한 것이었다. 왜냐하면 자신이 헨리 8세의 종교 개혁에 반대하다 죽임을 당한 입장이었기 때문이다. 때문에 한참 고민하던 모어가 조심스레 입을 열었다.

"수장령이 옳은지 그른지 답하기는 실로 어렵군요. 다만, 수장령에 정치적인 의도가 다분히 있었음은 사실입니다. 요즈음 가톨릭 교회가 매우 부패했음은 의심의 여지가 없지만, 선왕 폐하의 수장령은 교회를 개혁하기보다는 교회를 장악하려는 의도가 훨씬 강했습니다. 저는 종교 문제에 현실적인 이유가 섞이는 것을 찬성할 수 없습니다."

왕자가 다른 질문을 했다.

"그렇다면 그대는 지금 대륙에서 진행되는 종교 개혁에는 찬성한다는 것이오?"

"그렇지 않습니다."

모어는 잠시 뜸을 들인 후 왕자에게 물었다.

"전하께선 혹시 에라스뮈스[20]라는 사람을 아십니까?"

왕자가 답했다.

"에라스뮈스? 그 사람 저지대[21] 사람 아니오?"

"그렇습니다. 전하께서 태어나시기 1년 전에 죽은 사람입니다."

"알고 있소. 매우 훌륭한 학자였다지. 이 나라에서도 잠시 살았다고 들었는데. 아!"

왕자는 뭔가 떠올랐는지 외마디 소리를 질렀다.

"그때 모어 경의 집에서 지냈다고 들었소!"

그 말에 모어는 쓴웃음을 지으며 말했다.

"맞습니다. 모어 경과는 아주 막역한 사이였죠. 아마 모어 경이 많은 영향을 받았을 겁니다. 그래서……. 어쩌다 보니 저도 그의 영향을 좀 받게 되었죠."

왕자가 빙긋 웃으며 물었다.

"에라스뮈스는 어떤 사람이었소?"

모어는 지그시 눈을 감고 옛 추억을 더듬으며 말했다.

"그는……. 그는 제가 만난 중 가장 똑똑한 사람이었습니다. 정말 굉장한 학자였죠."

왕자가 순진한 얼굴로 물었다.

"모어 경보다 더 대단했단 말이오?"

이번엔 모어가 빙긋 웃으며 답했다.

"흠, 아마 그랬을 겁니다. 모어 경이 진심으로 존경한 유일한 사람이었으니까요."

그 말에 왕자는 눈을 빠르게 깜빡이며 고개를 갸웃거리더니 "그렇군."이라고 짧게 대꾸한 후 말없이 생각에 잠겼다. 그런 왕자에게 이번엔 모어가 질문을 던졌다.

"전하, 혹시 《우신예찬》[22]이란 책을 아십니까?"

"읽어 보진 못했지만, 들어는 보았소."

그때 느닷없이 헨던이 나섰다.

"아, 저는 읽어 봤습니다. 아주 재미있는 책이었습니다. 단숨에 읽었죠."

모처럼 아는 책 얘기가 나와서인지, 원래도 유쾌한 헨던이 더욱 밝게 웃었다. 그로 인해 왕자와 모어까지 기분이 좋아졌다. 왕자가 웃으며 헨던에게 물었다.

"오, 그렇소? 어떤 내용이오?"

"흠, 뭐 간단히 말해 교단을 비판하는 거죠. 신학자들의 쓸데없는 논쟁, 교황을 비롯한 성직자들의 위선 같은 것들을 엄청 비꼽니다. 그런데 글솜씨가 워낙 뛰어나 정말 재미있습니다."

"오, 나도 꼭 읽어 봐야겠군."

아직 나이 어린 왕자는 재미있다는 말에 호기심이 동한 모양이었다. 그런 왕자에게 모어가 다시 물었다.

"전하, 그럼 마르틴 루터[23]라는 사람도 아십니까?"

왕자가 눈을 동그랗게 뜨며 답했다.

"오, 물론이오. 독일 사람이지. 그런데 좀 이상한 사람 아니오?"

모어가 씁쓸하게 웃으며 말했다.

"이상하다기보단……. 과격한 사람에 가깝죠. 그도 에라스뮈스처럼 교회의 부정과 부패를 비판했습니다. 그게 둘의 공통점이죠."

그 말에 왕자는 의아한 듯 말했다.

"그렇소? 그런데 참 이상하군. 모어 경이 에라스뮈스와는 매우 친했던 반면, 루터하고는 엄청 싸웠다던데?"

그 말에 모어는 다시금 쓴웃음을 지었다.

"사실입니다. 에라스뮈스와 루터는 교회의 부패를 비판한 건 같지만, 방식에서 큰 차이가 있었습니다. 에라스뮈스가 교회 스스로 개혁해서 거듭나기를 바랐던 반면, 루터는 교황의 권위에 정면으로 도전하며 새로운 교회를 세우려 했죠. 그러나 온건한 에라스뮈스로서는 그런 도전을 지지할 수 없었고, 루터의 활동을 교황에 대한 반역으로 여겨 영 못마땅해 했습니다. 모어 경도 같은 입장이었으므로, 결코 루터에 동조할 수 없었겠죠."

그때 헨던이 문득 생각난 듯 말했다.

"아, 그러고 보니 모어 경이 루터와 편지로 크게 싸웠다고 들었습니다. 그 뭐라더라, 모어 경이 루터에게 개돼지라고 그랬다나?"

그러자 모어가 그답지 않게 발끈했다.

"그 반댈세!"

그러고는 겸연쩍었는지 목소리를 낮추며 덧붙였다.

"루터가 모어 경에게 돼지, 머저리, 거짓말쟁이라고 했지."

그러자 이번에는 왕자가 발끈했다.

"뭐라고? 정말 무례한 자로군!"

잉글랜드 왕자라서 잉글랜드인 편을 들고 싶은 것인지, 아니면 히슬로드의 옛 상관에게 호감을 느낀 것인지 몰라도, 왕자는 모어가 부왕에게 맞서다 죽은 인물이란 사실을 알면서도 왠지 그의 편을 들고 싶었다.

아무튼 오히려 모어가 달래듯 말했다.

"전하, 그런데 사실 모어 경이 먼저 그에게 입에서 역한 냄새가 난다는 식으로 비난을 하긴 했습니다."

그러나 왕자는 통쾌하다는 듯 말했다.

"그래? 그것 참 속 시원하군! 점잖은 모어 경이 먼저 그랬다면, 분명 그만한 이유가 있었겠지."

생각지도 못한 대목에서 전폭적인 지지를 받자, 모어는 자기도 모르게 왕자의 머리를 쓰다듬어 주고 싶은 충동이 드는 것을 참았다. 그 대신 한결 더 자상한 목소리로 말했다.

"전하, 종파는 여럿일 수 있고, 심지어 종교도 다양할 수 있습니다. 그러나 종교로 인해 혼란이 일어나서는 절대로 안 됩니다. 애초에 사회의 안정에 이바지하는 것이 종교의 순기능이지 않습니까? 교회의 부패를 지적한 루터의 취지는 좋았습니다. 그러나 그는 너무 성급하고 과격했습니다. 교황의 권위를 추락시켜 많은 정치적·사회적 혼란이 일어나게 했죠. 마침내 독일에서는 농민들이 제후들의 착취에 맞서 봉기를 일으키기에 이르렀습니다."

모어는 잠시 숨을 고른 후 이야기를 계속했다.

"그러나 막상 농민 봉기가 일어나자, 그가 어떻게 했습니까? 농민들을 폭도라며 비난했습니다. 심지어 사탄들이니 때려잡아야 한다는 말까지 했죠. 이 얼마나 무책임한 짓입니까? 봉기를 일으킨 농민들은 애초에 그의 영향을 받은 것입니다. 결국 그가 봉기를 조장한 것이나 마찬가지인데, 농민들을 폭도라 하면 되겠습니까? 아무튼 그로 인해 그는 농민들의 비난을 받게 되었습니다. 뒷일을 생각지 않고 과격한 행동을 한 결말은 바로 이런 것입니다."

아직 루터에 대한 악감정이 채 가시지 않았던지, 모어는 전에 없이 격렬한 어조로 말했다. 그런 모어에게 왕자가 조심스럽게 질문했다.

"아까 그대는 종파는 물론이고 종교도 여럿일 수 있다 했소. 그게 진심이오?"

모어는 온화함을 되찾으며 말했다.

"전하, 제 생각이 다 옳은 것은 아닙니다. 전 결함투성이의 하찮은 인간입니다. 그럼에도 불구하고 제 생각을 말씀드리자면, 다양한 종교가 있을 수 있습니다. 사람들은 각자 자기 상황에 맞는 종교를 택하게 마련입니다. 그런데 사람은 저마다 다 다르고, 처한 상황도 다 다르죠. 때문에 종교도 다양한 것입니다. 그러나 현명한 사람들은 다신교보다는 유일신교를 믿게 됩니다. 옛날 로마인들이 올림포스의 신들을 버리고 기독교를 택한 것처럼 말입니다."

왕자는 고개를 끄덕이며 모어의 말을 되새겼다. 아무래도 좀 어려웠다. 그런 왕자에게 모어가 몇 가지를 더 부연해서 설명했다.

"전하, 또한 종교의 전파는 무력을 통해 억지로 이루어지는 게 아닙니다. 과거에 로마인들이 기독교로 개종한 것은 창칼의 위협 때문이 아니었습니다. 순교자들의 열정과 지조, 그리고 성경에서 가르치는 공동생활의 이로움 때문이었죠. 그 때문에 여러 종교가 사라지고 기독교로 통합된 것입니다."

왕자가 질문을 던졌다.

"그러면 십자군이 실패한 것도 그런 이유라 할 수 있소?"

모어가 답했다.

"그런 측면도 있다고 봅니다. 위대한 사자심왕 리처드 1세[24]를 비롯한 십자군이 결국 실패한 것은 무력을 수단으로 쓴 탓도 있다고 생각합니다. 그런 강제성이 이슬람교도의 거센 반발을 일으킨 것이겠죠. 아무도 무장한 선교사를 좋아하지 않습니다.[25]"

이번엔 헨던이 물었다.

"혹시 그럼 히슬로드 님은 이슬람교를 믿어도 된다고 생각하십니까?"

이 엉뚱한 질문에 모어는 크게 웃으며 답했다.

"하하하! 이보게, 나는 이래 봬도 아주 독실한 기독교도라네. 아무려면 이슬람교를 믿어도 된다고 하겠는가? 그러나 이슬람권에 태어나 이슬람교 신자로 사는 사람들을 비난해서는 안 된다는 말이네. 나는 기독교 신자고, 아마 영원히 변치 않을 걸세. 하지만 기독교만이 옳다는 독선적인 자세는 좋지 않아. 치안을 문란하게 하는 등 사회에 악영향만 끼치지 않는다면, 모든 종교는 나름 존재 가치가 있다고 생각하네."

이번엔 다시 왕자가 물었다.

"그렇다면 그대는 우리 기독교도들이 이교도나 무신론자들에게 포교를 해서도 안 된다고 생각하오?"

"그렇지 않습니다, 전하. 포교는 권장할 행위입니다. 다만 조용하고 온건하고 이성적인 방식으로 해야 합니다. 포교 과정에서 폭력을 사용하는 것은 성경에도 어긋날 뿐더러 효과마저 없습니다. 마땅히 지양할 바입니다. 종교가 평화를 무너뜨릴 명분이 되어서는 안 됩니다."

왕자는 말없이 생각에 잠기더니 질문을 계속했다.

"그렇다면 종파는 어떻소? 요즘 우리 기독교 세계의 분열이 심하지 않소."

"그렇습니다, 전하. 루터가 교황에게 노골적으로 반기를 든 후로, 비슷한 자들이 꾸준히 늘고 있습니다. 스위스에서 교황의 권위와 가톨릭 질서에 도전한 츠빙글리[26]나 칼뱅[27]이 바로 그런 사람들이죠."

헨던이 약간 질린다는 표정으로 말했다.

"너무 혼란스러운데요."

모어도 굳은 표정으로 말했다.

"앞으로는 더 심해질 수도 있지."

왕자가 물었다.

"한 종교에서 종파가 분열된 것은 좋지 못한 일이겠지?"

그 질문에 모어가 빙긋 웃으며 되물었다.

"혹시 신께서 다양한 예배 방식을 좋아해서 여러 곳에서 각자 다른 방식을 쓰게 하신 건 아닐까요?"

그 말에 왕자가 눈이 휘둥그레져서 말했다.

"그대도 농담을 할 줄 아는군."

그러자 모어가 한바탕 소리 내어 웃더니 다시 진지하게 말했다.

"저는 신앙의 자유가 중요하다고 생각합니다. 특정 종교나 종파가 진실한 것이라면, 시간이 지나며 자연히 그것만 살아남고 사이비들은 없어질 것입니다. 고로 싸울 이유도 없고 다른 종교나 종파를 핍박할 이유도 없습니다. 싸움이 되풀이될수록 수단 방법을 가리지 않으니, 결과적으로 오히려 악한 자들만 살아남을 가능성이 커집니다."

헨던이 말했다.

"그 말씀은 좀 의외군요."

"어떤 점이?"

헨던이 조심스러운 어조로 말했다.

"히슬로드 님의 상관이었던 모어 경은 대법관 시절 루터파 신자 여섯 명을 화형에 처하는 등 심한 박해를 했다고 들었거든요."

모어는 옛 생각에 잠긴 듯 두 눈을 지그시 감고 어두운 목소리로 말했다.

"그런 일이 있었지."

"그렇다면 히슬로드 님은 모어 경과 종교적인 견해가 많이 다르셨나 보군요. 히슬로드 님은 종교에 관용적이신 것 같은데, 모어 경은 루터파들을 그토록 박해하셨다니 말입니다."

"음……."

정곡을 찔린 모어는 무거운 신음 소리와 함께 깊은 생각에 잠겼다. 그러나 잠시 후 신중하게 말을 이었다.

"아냐, 꼭 그렇지만은 않지. 모어 경도 원래는 종교에 관해 융통성 있는 사고를 하는 분이셨지. 그런데, 글쎄……. 어떻게 설명해야 좋을까."

모어는 다시 생각에 잠기더니 한참 후 다시 입을 열었다.

"한 사람에게 반드시 한 가지 정체성만 있는 것은 아닐세. 당시 모어 경에게는 학자와 법관이라는 두 가지 역할이 있었지.《유토피아》라는 엉뚱한 책을 쓴 학자와 사법의 최고 책임자 대법관은 종교라는 동일한 주제에서 얼마든지 다른 태도를 보일 수 있지. 설령 그 학자와 대법관이 동일 인물이라 해도 말일세. 자네가 기억하는 대법관 모어 경은 종교에 매우 엄격한 입장을 보인 것이 사실이네. 그러나 《유토피아》를 읽어 보면 학자 토머스 모어는 꽤 융통성을 갖고 있었음을 알 수 있다네."

그 말에 헨던은 고개를 끄덕였다. 그러나 왕자는 약간 토라진 듯 말했다.

"무슨 말인지 너무 어려운데."

아무리 총명하다지만, 아직 어린 왕자로서는 그럴 만했다. 왕자의 토라진 얼굴이 귀여워 헨던은 가만히 웃었다. 모어가 왕자에게 물었다.

"전하께서 하루에 자유롭게 놀 수 있는 시간이 얼마나 되죠?"

뜻밖의 질문이었지만 왕자는 진지하게 답했다.

"얼마 되지 않소. 하루에 한두 시간 정도겠지."

그럴 줄 알았다는 듯한 표정으로 모어가 다시 물었다.

"전하는 그 정도면 충분하십니까? 혹시 더 놀고 싶진 않으신가요?"

말이 끝나기 무섭게 왕자가 약간 흥분한 목소리로 답했다.

"오, 물론이오. 당연히 더 놀고 싶지. 하지만 배워야 할 게 너무 많소. 그리스어, 라틴어, 법률, 궁중 예절 등등……."

생각만 해도 피곤한 듯 왕자의 얼굴에 살짝 수심이 서렸다. 그런 왕자에게 모어가 재차 물었다.

"그럼 놀고 싶은 마음을 어떻게 참으십니까?"

왕자는 당연하다는 듯 답했다.

"그야 내가 왕자인 걸 어쩌겠소. 장차 좋은 통치를 하려면 지금 많이 배워 둬야 하니까."

그러자 모어가 웃으며 말했다.

"바로 그것입니다. 전하는 놀고 싶은 소년인 동시에 공부를 해야 하는 왕자이기도 합니다. 그런데 왕자로서의 책임감이 소년의 놀고 싶은 마음을 억제하는 것입니다. 그렇지 않습니까?"

왕자는 깊이 공감되었는지 크게 고개를 끄덕이며 말했다.

"그 말이 옳은 것 같소. 정말 그런 것 같소."

모어는 다시 진지한 얼굴로 말했다.

"모어 경도 그러했을 것입니다. 모어 경이《유토피아》에 관용적인 종교관을 적은 것은 분명한 사실입니다. 하지만《유토피아》가 완성된 것은 마르틴 루터가 〈95개조 반박문〉을 발표하기 1년 전의 일입니다. 즉 교황의 권위를 부정하는 자들로 인한 사회적 혼란이 발생하기 전이라는 말이지요. 그런데 모어 경이 루터파를 처형한 것은 그로부터 십여 년 후의 일로, 이미 그들이 각지에서 극심한 혼란을 일으킨 다음입니다. 따라서 모어 경은 대법관으로서 잉글랜드의 혼란을 막기 위해 엄격하게 대처했을 것입니다."

왕자가 연신 고개를 끄덕이며 말했다.

"이제 무슨 말인지 알 것 같소. 아까 그대도 신앙의 자유는 존중하되 치안이나 평화 유지가 더 중요하다고 말했는데, 그것은 모어 경의 영향을 받은 것이오?"

그러자 모어는 약간 당황하며 변명하듯 말했다.

"글쎄요. 제가 뭐 그분과 개인적인 친분은 없었습니다만, 아무래도 영향을 좀 받았겠죠. 제 상관이었으니까요. 하지만 그런 관용적인 종교관을 지닌 이들은 모어 경 말고도 지식인들 중에 꽤 많이 있었습니다. 다만 겉으로 드러내지 못할 뿐이었죠."

잠시 숨을 고른 모어가 순간 표정을 바꾸며 이야기를 계속했다.

"그러나 제가 아무리 관용적인 종교관을 가졌다 해도 결코 용납할 수 없는 자들이 있습니다. 아예 종교가 없는 자들, 즉 무신론자들입니다. 그들은 사람이 죽으면 영혼도 육체와 함께 사라진다고 믿습니다. 그런데 그들은 종교를 떠나 사회적으로도 아주 큰 문제가 됩니다."

예상치 못한 말에 왕자가 눈을 크게 뜨며 물었다.

"신을 믿지 않는 자들은 불경한 자들이오. 분명 심판을 받겠지. 그런데 그들이 사회적으로도 문제가 된다는 말은 무슨 뜻인지 잘 모르겠소."

모어가 그 어느 때보다 진지하게 말했다.

"전하, 저는 한때나마 법관이었습니다."

모어의 새삼스러운 자기소개에 왕자는 의아한 표정으로 그를 바라봤다.

"그런데 제가 법을 깊이 공부할수록 오히려 법의 한계를 점점 더 크게 느꼈습니다. 인간의 행위와 사회의 구조는 매우 복잡하므로, 아무리 정밀하게 법을 다듬는다 해도 인간과 사회를 통제하기에는 한계가 있습니다. 법 조항이 미처 닿지 못하는 부분이 너무 많기 때문이죠. 또한 교활한 자들은 법망을 교묘히 빠져나가곤 합니다. 이를 법의 허점 혹은 법의 맹점이라 합니다."

그 말에 아직 세상 물정을 잘 모르는 왕자는 매우 놀란 듯했다. 반면, 헨던은 심각한 얼굴로 고개를 끄덕였다. 모어의 이야기는 계속되었다.

"그렇게 법으로 규제하기 힘든 부분을 종교가 보완할 수 있습니다. 왜냐하면 대부분의 종교는 사람이 죽으면 생전의 악행은 처벌받고 덕행은 보상받는다고 가르치므로, 사람들로 하여금 언제나 자기 양심의 소리에 귀 기울이도록 만들기 때문입니다. 그런데 이를 믿지 않는 자들은 짐승과 다를 바가 없습니다. 죽은 후의 일이 두렵지 않으므로 온갖 악행을 서슴지 않죠. 종교를 믿지 않는 자들이 끼치는 해악이 이와 같습니다."

모어의 치밀한 논리에 압도된 왕자와 헨던은 그저 묵묵히 듣기만 했다.

"이와 반대로, 평소에 하느님의 가르침대로 충실히 살면 죽음도 두렵지 않습니다. 죽은 후에 비로소 큰 행복을 누릴 수 있으므로 죽음을 두려워할 이유가 없기 때문입니다."

그때 "아, 그러고 보니" 하고 왕자가 문득 끼어들었다.

"모어 경은 처형당하는 순간에도 몹시 당당했다지."

그리고 왕자는 잠시 모어의 눈치를 살피더니 이어 말했다.

"집행인에게 자기 목이 짧으니까 주의해서 치라고 했다더군. 또 수염은 죄가 없으니 잘리지 않게 조심하라고 했다고 들었네."

그 이야기에 헨던은 몹시 감탄했다.

"정말 호걸이로군요! 그 상황에서도 농담을 하다니!"

모어는 쓴웃음을 지으며 말했다.

"세간에는 근엄한 이미지로 알려졌지만, 사실은 꽤나 유쾌한 분이었지."

그리고 왕자를 돌아보며 물었다.

"그런데 그런 이야기는 대체 어디서 들으셨습니까?"

"부왕께 들었소. 어쨌든 그가 참 대단한 인물이라고 하셨지."

더욱 씁쓸하게 웃을 뿐 말이 없는 모어에게 헨던이 물었다.

"모어 경은 확고한 신앙을 갖고 있기에 그토록 죽음 앞에서도 태연했던 걸까요?"

모어는 깊은 생각에 잠겨 눈길을 떨구며 답했다.

"그랬겠지."

그리고 문득 고개를 들며 왕자에게 말했다.

"드디어 마을이 보이는군요. 일단 요기를 좀 하시지요."

[20] 데시데리위스 에라스뮈스(Desiderius Erasmus; 1466~1536): 네덜란드 출신의 저명한 인문학자. 신학자이면서도 그리스·로마의 고전 문화에 해박한 지식을 지니고 있었다. 1499년 잉글랜드로 건너가 토머스 모어, 존 콜렛 등 잉글랜드의 인문학자들과 깊은 교분을 쌓았고, 1509년에 다시 잉글랜드로 건너가 오랫동안 체류했다. 당시 그는 모어의 집에서 기거했는데, 그의 명저 《우신예찬》도 이때 저술한 것이다. 그는 교회의 부패를 신랄하게 비판했으며, 이는 루터, 츠빙글리, 칼뱅 등의 종교 개혁가들에게 큰 영감을 주었다. 그러나 루터 등의 과격한 종교 개혁에는 반대하는 입장이었다.

[21] 오늘날의 네덜란드, 벨기에, 룩셈부르크 등 서유럽의 대서양 연안 지역을 일컫는 별칭. 이 지역은 15~16세기에 합스부르크 가문의 지배를 받았는데, 가혹한 징세와 종교적 갈등 등이 겹쳐 약 80년에 걸친 기나긴 독립전쟁을 벌였다. 결국 1648년의 베스트팔렌 조약을 통해 현재의 네덜란드 지역은 공식적으로 독립을 인정받았다.

[22] 《우신예찬(Encomium Moriae)》(1511): 15~16세기 가톨릭교회의 모순, 위선, 부패, 타락을 풍자한 에라스뮈스의 대표작으로, 가톨릭교회에서는 금서로 지정한 반면 종교 개혁가들에게는 필독서가 되었다. 제목을 직역하면 《모리아 예찬》인데, 여기서 모리아는 토머스 모어의 이름에서 착안한 것이다.

[23] 마르틴 루터(Martin Luther; 1483~1546): 가장 대표적인 종교 개혁가. 독일의 수도사이자 신학자로, 1517년 교황 레오 10세의 면벌부 판매를 비판하는 〈95개조 반박문〉을 발표함으로써 종교 개혁의 기치를 올렸다. 그는 기존의 신학자나 인문학자들과 달리 교회의 권위에 직접 도전장을 내밂으로써 파문과 탄압의 대상이 되었으며, 오랫동안 교회 측 신학자들과 종교 논쟁을 벌였다. 그러나 말년에는 그의 가르침에 전도된 독일 농민들이 봉기를 일으키자, 이에 반대하며 탄압할 것을 주장함으로써 많은 비난을 사기도 했다.

[24] 리처드 1세(재위: 1189~1199): 성지 예루살렘을 탈환하기 위해 제3차 십자군 원정에 나섰던 유명한 잉글랜드 왕. 결국 예루살렘 탈환에는 실패했지만, 그의 놀라운 무용담은 낭만적인 전설처럼 후대에 남았다. 내정에는 극도로 무관심했으며, 재위 기간 내내 전쟁터에만 있었다. 결국 프랑스와의 전쟁 도중 화살에 맞아 전사했다. '사자심왕(the Lion-hearted)'이라는 별명을 얻을 정도로 엄청난 거구와 괴력의 소유자였다.

[25] "아무도 무장한 선교사를 좋아하지 않는다.": 18세기 말 프랑스혁명 당시 로베스피에르가 외국과의 전쟁에 반대하며 했던 말이다.

[26] 울리히 츠빙글리(Ulrich Zwingli; 1484~1531): 스위스의 신학자이자 종교 개혁가. 에라스뮈스와 편지를 주고받으며 오랜 교분을 쌓았다. 성경의 권위를 크게 강조했으며, 성만찬이나 유아 세례 등에 대해서도 독특한 견해를 피력했다. 취리히를 중심으로 활동했으나, 숙박업이나 용병제에 반대함으로써 생계에 위협을 느낀 스위스인들의 심한 반발을 샀다. 결국 가톨릭 측 군대와 교전을 벌이던 중 전사했다.

[27] 장 칼뱅(Jean Calvin; 1509~1564): 프랑스 출신의 신학자 겸 종교 개혁가. 예정설과 소명설을 통해 복음주의적 입장을 공고히 했다. 1541년 이후 스위스로 망명하여 신정공화국을 세우고 엄격한 종교적 공포정치를 행했다. 그의 교리는 당시 성장 중이던 서유럽 상공업 계층에게 크게 환영받아 근대 자본주의 윤리에 큰 영향을 끼쳤다. 잉글랜드에서 그의 가르침을 따르는 무리는 '청교도'라 불리었다. 그들은 튜더 왕조에서 스튜어트 왕조로 넘어가는 시기에 의회에서 큰 세력을 형성했고, 훗날 청교도 혁명(1640~1660)의 주역이 되었다.

10

왕자,
누명을 쓰고
법정에 서다

먼 길을 돌아온 데다 여유롭게 이야기를 나눴더니, 마을에 도착하자 어느덧 해가 중천에 떠 있었다. 허름한 식당에서 간단히 요기를 한 후, 일행은 시내로 나왔다. 거리에는 많은 사람들이 바삐 움직이고 있었다. 큰 소리로 물건을 파는 상인, 그 앞에서 물건을 고르는 사람, 어디로 가는지 바쁘게 걷는 사람, 이리저리 둘러보며 천천히 구경하는 사람들이 넓은 런던 시내를 꽉 채우고 있었다. 왕자 일행은 얼마 전까지 한가로운 숲길을 지나온 터라 그 북새통에 더욱 정신이 없었다. 그때 눈이 밝은 헨던이 뭘 봤는지 눈살을 찌푸리며 말했다.

"어? 저건……."

모어가 물었다.

"왜 그러나?"

헨던은 30보 정도 거리에 있는 과일 가게 쪽을 뚫어지게 바라보며 말했다.

"저기 어젯밤의 그 패거리에 있던 녀석들 아닌가요?"

그 말에 왕자는 긴장한 표정이 되었다. 모어는 헨던이 가리키는 쪽을 살펴봤다. 과연 허름한 옷을 걸친 사내 둘이 보였지만, 그들이 캔티 일당인지는 알 수 없었다. 모어가 어깨를 으쓱하며 말했다.

"글쎄, 잘 모르겠네. 난 자네처럼 눈이 좋지 않아서."

헨던이 고개를 갸웃거리며 말했다.

"저도 확실치는 않습니다. 그냥 느낌일 뿐입니다."

그리고 다시 걸음을 떼며 대수롭지 않다는 듯 말했다.

"뭐, 그놈들이라 해도 상관없습니다. 어젯밤에 몇 놈을 때려눕혀 놔서, 함부로 덤벼들지는 못할 겁니다. 게다가 이런 대낮에 뭘 할 수 있겠습니까."

헨던의 호기로운 말에 왕자는 강한 신뢰감을 느꼈다. 일행은 궁전이 있는 중심부를 향해 다시 걷기 시작했다. 그러나 얼마 지나지 않아 뒤를 살피던 헨던이 다시 멈춰 서며 짜증 섞인 목소리로 말했다.

"아무래도 수상한데요? 그놈들이 쫓아오는 것 같습니다."

그 말에 왕자와 모어도 헨던이 보는 쪽을 바라봤다. 키 작은 왕자는 잘 보이지 않았지만, 모어는 아까 그 사내들이 어슬렁거리는 모습을 확인할 수 있었다.

"흠, 자네 말이 맞는 것 같은데."

그러자 짜증이 머리끝까지 차오른 헨던이 그들을 향해 성큼성큼 걸어가며 말했다.

"잠깐만 기다리십시오. 아주 혼쭐을 내주고 오겠습니다."

그 말에 왕자가 약간 염려스러운 목소리로 당부했다.

"헨던, 부디 조심하게."

모어는 헨던을 말려야 할지 말아야 할지 몰라 우두커니 서 있다가 문득 뭔가 수상하다는 생각이 들었다. 모어는 왕자에게 가만히 기다리라고 당부한 후, 황급히 헨던을 쫓아갔다.

"이보게 헨던, 잠깐만 기다리게!"

헨던이 깜짝 놀라 눈을 휘둥그레 뜨고 물었다.

"왜 그러십니까?"

마음이 급한 모어가 빠르게 말했다.

"아무래도 수상하네. 마치 우리를 유인하는 것 같지 않은가? 어떤 흉계를 꾸미고 있을지 모를 일이네."

그러자 헨던도 의심스러운 듯 고개를 끄덕이며 다시 물었다.

"그럼 어떡할까요? 그냥 내버려 둘까요?"

"그래. 어젯밤 여럿이서도 자네를 못 당했는데, 이 대낮에 둘이서 뭘 어쩌겠나? 무시하고 빨리 궁으로 가는 게 낫겠네. 부지런히 걸으면 오늘 안에 도착할 수 있을 걸세."

헨던은 다시 묵묵히 고개를 끄덕였다. 그리고 왕자에게 돌아가려는 순간, 어떤 여인이 쌍욕을 퍼붓는 소리가 들려왔다.

"야, 이 도둑놈아! 이런 거지 자식이 감히 누구 걸 훔쳐?"

여인의 찰진 욕설에 놀란 모어와 헨던이 고개를 돌려 그쪽을 바라봤다. 그러자 웬 꾸러미가 들어 있는 바구니를 양손에 든 왕자가 넋이 나간 채 나무토막처럼 서 있었다. 그리고 그 앞에서 웬 중년의 여인이 욕설을 퍼붓고 있었다. 황급히 뛰어간 모어와 헨던이 도착하기 전에 왕자는 이미 멱살마저 잡혔다. 여인이 왕자를 마구 흔들려는 찰나 헨던이 손목을 붙잡으며 말했다.

"진정하세요, 아주머니! 무슨 일입니까?"

모어는 한껏 목소리를 낮추고 왕자에게 같은 질문을 했다.

"대체 무슨 일입니까, 전하?"

또 한차례 봉변을 당한 왕자의 눈은 이미 촉촉이 젖어 있었다. 그러나 요 며칠간 이런 모욕에 익숙해진 것인지 뜻밖에 표정과 목소리는 차분했다. 왕자도 나직하게 답했다.

"휴고, 휴고였소. 캔티 일당인……."

그 말에 귀가 번쩍 트인 헨던이 돌아보며 확인하듯 물었다.

"캔티 일당이요?"

왕자는 묵묵히 고개를 끄덕였고, 모어가 목소리를 억지로 차분하게 가라앉히며 물었다.

"휴고, 그 휴고란 자가 무슨 짓을 했습니까?"

왕자가 자기 손에 들린 바구니와 중년 여인을 번갈아 보며 말했다.

"저 여인이 내 곁을 지나치는데, 갑자기 휴고가 나타나 바구니를 낚아채서 내 손에 들려 주더니 '잘 맡아 둬' 하고 달아났소."

모어와 헨던은 시선을 교환했다. 헨던이 분한 목소리로 말했다.

"함정에 빠졌군요."

모어가 고개를 끄덕일 때, 왕자가 다급한 목소리로 말했다.

"앗, 지금도 저기서 보고 있소!"

그 말에 모어와 헨던은 왕자의 시선을 좇았다. 과연 30여 보 떨어진 곳에서 구경꾼들 사이로 비죽 내밀어진 휴고의 교활한 얼굴이 보였다. 헨던이 반사적으로 뛰어가려 했으나, 휴고는 순식간에 모습을 감췄다. 그때 여인이 큰 소리로 외쳤다.

"맞네! 그놈이네! 공범이야!"

여인도 그 얼굴을 알아본 것이었다. 모어가 여인에게 물었다.

"부인, 저자가 바구니를 훔친 자 맞습니까?"

여인이 격앙된 목소리로 답했다.

"맞아요. 그놈이 이 애랑 공범이에요."

그러자 모어가 진지한 표정으로 여인을 달래며 차근차근히 설명했다.

"부인, 그 자는 우리 일행이 아닙니다. 오히려 이 소년을 해치려는 악당입니다. 그는 이 소년을 패거리에 넣어 소매치기를 시키려 했는데 우리가 구해 냈습니다. 그러자 원한을 품고 이 소년에게 누명을 씌우려 했나 봅니다. 잘 생각해 보세요, 부인. 만약 이 소년과 아까 그 자가 같은 일당이라면, 왜 이 소년은 그를 따라가지 않았으며, 왜 그는 우리를 보고 도망쳤겠습니까?"

점잖은 노인이 찬찬히 설명하자 여인도 비로소 이해가 되는 모양이었다. 그러나 아직 미심쩍은 부분이 남아 있었다. 여인은 왕자의 얼굴을 가만히 쳐다봤다. 그리고 눈물이 그렁그렁한 채 자신을 바라보는 소년의 선량한 눈길과 마주치자 나머지 의심도 싹 걷히는 느낌이었다. 헨던이 여인에게 바구니를 돌려주며 달래듯 말했다.

"아주머니, 좀 믿어 주세요. 애는 아주 착하고 바른 아입니다. 절대로 도둑이 아닙니다."

여인은 바구니를 돌려받고 고개를 끄덕이며 말했다.

"알겠어요. 어차피 난 내 물건만 돌려받으면 돼요. 당신들 말을 다 믿는 건 아니지만……. 그래도 이 어린애를 굳이 감옥에 보내고 싶진 않네요."

그리고 바구니를 소중하게 품에 안고 돌아서려는 찰나, 웬 남자 둘이 그녀를 가로막았다.

"다들 잠시 기다리시오."

여인과 왕자 일행이 깜짝 놀라 쳐다보니 경관 두 명이 떡 버티고 서 있었다. 그중 키가 크고 삐쩍 마른 경관이 무뚝뚝한 목소리로 여인을 향해 말했다.

"부인, 저 아이는 물론이고 당신도 우리와 같이 가야겠소."

갑자기 나타난 경관들을 보고 겁먹은 여인이 떨리는 목소리로 물었다.

"왜, 왜죠, 무슨 일이세요?"

키 크고 마른 경관이 여전히 무뚝뚝한 목소리로 설명했다.

"저 아이는 절도범 아니오. 당신은 그냥 보내고 싶은가 보지만, 이미 늦었소. 현행범이니까. 당신도 따라가서 치안 판사님께 진술해야 하오."

경관을 따라가야 한다는 말에 겁에 질린 여인은 아무 말도 못한 채 그저 벌벌 떨기만 했다. 그리고 나머지 한 명의 키 작고 뚱뚱한 경관이 왕자에게 재빨리 다가가 손목을 붙잡고는 재미있다는 듯 빈정대며 말했다.

"넌 이제 큰일 났다. 킥킥. 자, 따라와. 혼나러 가자."

그때 헨던이 그 앞을 가로막으며 말했다.

"이보시오, 순순히 따라갈 터이니 이 아이의 가냘픈 손목은 좀 놓으시지."

사자심왕 리처드를 연상케 할 정도로 우람한 풍채[28]의 헨던에게 위압감을 느낀 키 작고 뚱뚱한 경관은 자기도 모르게 손을 놓았다. 굴욕감과 분노가 느껴졌지만, 어쩔 도리가 없었다. 어쨌든 헨던이 순순히 따르겠다고 했기 때문이다. 무표정하게 지켜보던 키 크고 마른 경관에게 모어가 물었다.

"지금 치안 판사께 가는 겁니까?"

그 경관이 사무적으로 답했다.

"그렇소."

"그럼 우리가 따라가도 되겠습니까?"

"그러시오."

그 경관이 여전히 표정 없이 답했다.

그들은 이동하기 시작했다. 키 크고 마른 경관이 선두에 서고, 그 뒤를 여인과 왕자 일행이 앞서거니 뒤서거니 하며 걸었다. 그리고 아직 분이 덜 풀린 듯 불쾌한 표정의 키 작고 뚱뚱한 경관이 맨 뒤에서 따라갔다. 별안간 소매치기를 당했나 싶더니 순식간에 법정으로 끌려가게 된 여인은 아직 정신을 수습하지 못한 듯했다. 얼빠진 사람처럼 혼잣말을 중얼거리며 갈지자로 간신히 걸었다. 왕자 일행도 표정이 매우 어두웠다. 그러나 어린 왕자의 표정이 어두운 이유와 두 어른의 표정이 어두운 이유는 달랐다. 왕자는 앞으로 어떻게 될지 몰라 두려웠던 반면, 모어와 헨던은 그것을 알기에 두려웠다.

모어가 왕자의 귀에 대고 조용히 당부했다.

"전하, 이제 몹시 분하고 슬픈 일이 생기더라도 잘 참으셔야 합니다."

여느 때와 다른 느낌을 받은 왕자가 긴장한 표정으로 물었다.

"그게 무슨 말이오?"

모어는 자기 입가에 손가락을 가져가며 말했다.

"목소리를 낮추십시오, 전하. 이제 전하께서는 법의 심판을 받게 되실 겁니다."

왕자는 목소리를 낮추었지만 눈에 핏발을 세우며 다시 물었다.

"법의 심판이라니? 나는 곧 왕위에 오를 몸인데, 누가 나를 심판한다는 말이오?"

모어는 낮은 목소리로 빠르게 속삭였다.

"전하, 지금 가는 곳은 서민들을 대상으로 하는 일반 법정입니다. 그곳의 치안 판사는 직급이 낮고 나이도 젊어 전하를 본 적이 없을 겁니다. 본 적 있는 자라 해도 지금은 전하를 알아보기 힘든 판국에, 하물며 본 적조차 없는 자가 어찌 전하를 알아보겠습니까?"

여태까지 아이답지 않게 갖은 시련을 의연히 견뎌 온 왕자도 그 말에는 울상이 되었다.

"그럼 어찌하면 좋소?"

"일단 절대로 신분을 드러내서는 안 됩니다. 전하의 신분을 확인해 줄 사람이 한 명도 없는 곳에서 함부로 그랬다가는, 그야말로 무슨 낭패를 당할지 모릅니다."

눈물이 그렁그렁한 얼굴로 왕자는 침을 꼴깍 삼키며 답했다.

"알겠소."

모어가 왕자를 안심시키며 말했다.

"전하, 아예 아무 말도 하지 마십시오. 말은 제가 하겠습니다. 이래 봬도 제가 법관 출신 아닙니까? 제가 전하를 변호하겠습니다. 그러니 아무 걱정 마시고, 한마디도 하지 마십시오."

왕자는 여전히 눈물을 글썽이며 신뢰에 찬 목소리로 답했다.

"알겠소. 내 그대만 믿겠소."

왕자가 씩씩하게 답하자, 둘의 대화를 듣던 헨던은 매우 대견한 듯 자기도 모르게 왕자의 어깨를 쓰다듬으며 말했다.

"걱정 마십시오, 전하. 히슬로드 님이 다 알아서 하실 겁니다."

존엄한 옥체에 함부로 손을 댔으니 평소 같으면 노발대발할 일이었지만, 지금의 왕자는 그 손길이 무척 따뜻하게 느껴졌고 마음도 안정되었다. 그러는 사이 그들은 법정에 도착했다.

법정 안에 들어서자 피곤한 인상의 치안 판사가 정면 중앙의 높은 자리에 앉아 있었고, 그 주변에는 하급 관리나 법정 경관들이 몇 명 있었다. 법정에 들어선 후, 경관들은 여인을 좌측에 왕자 일행을 우측에 각각 세웠다. 그러자 판사는 키 큰 경관으로부터 간략한 사건 경위를 들었다. 그리고 판사는 권태로운 음성으로 모어와 헨던을 향해 물었다.

"그대들은 누군가? 저 소년과 무슨 관계인가?"

모어가 낭랑한 목소리로 답했다.

"이 젊은이는 마일즈 헨던이란 사람으로, 아이의 아버지입니다. 그리고 저는 토머스 히슬로드라 하며, 이 사람과 예전부터 알고 지내는 사이입니다. 제가 이 아이의 법정 대리인을 맡을 수 있게끔 판사님께 부탁드리는 바입니다."

판사는 고개를 끄덕이며 말했다.

"원래 어린아이는 부모가 대리인이 될 수 있고, 부모가 동의한다면 타인도 대리인이 될 자격을 얻을 수 있소."

그리고 헨던에게 물었다.

"어떤가? 동의하는가?"

헨던은 판사의 말이 끝나기 무섭게 답했다.

"네, 물론입니다. 동의합니다."

그러자 판사는 왕자를 체포해 온 경관들을 향해 말했다.

"자, 그럼 일단 대체 뭘 훔쳤다는 건지 한번 봐야겠네."

그 말에 키 작은 경관이 여인의 바구니 속에 든 꾸러미를 풀었다. 그러자 통통하게 살찐 새끼 돼지 한 마리가 나왔다. 새끼 돼지는 태평하게 쿨쿨 자고 있었지만, 모어의 낯빛은 순식간에 어두워졌다. 심지어 판사도 인상을 찌푸리더니 '으음' 하고 낮은 신음 소리를 냈다. 잠시 곤혹스러운 표정으로 침묵에 잠겨 있던 판사가 키 큰 경관에게 확인했다.

"저 돼지를 저 소년이 훔쳤다는 건가?"

키 큰 경관은 예의 무표정한 얼굴로 답했다.

"네, 판사님."

판사는 뭐가 그렇게 난처한지 오른손으로 이마를 두어 번 쓱쓱 문지르더니 왕자에게 무거운 목소리로 물었다.

"애야, 네가 정말로 저 돼지를 훔쳤느냐?"

왕자는 모어가 시킨 대로 아무 말도 하지 않았다. 그런데 모어도 굳은 표정으로 입을 다물고 있을 뿐이었다. 의아해진 왕자가 모어를 쳐다봤지만, 그는 여전히 입을 열지 않았다. 예상치 못한 침묵에 판사가 모어를 향해 물었다.

"대리인, 지금 답변을 거부하는 거요?"

그러자 모어가 공손하게 두 손을 모으며 답했다.

"아닙니다, 판사님. 답변을 보류하는 겁니다. 여인에게 먼저 물어 주시기 바랍니다."

그러자 판사가 여인을 향해 물었다.

"좋소. 여인이여, 저 아이가 정말로 그대의 돼지를 훔쳤는가?"

그러자 이미 한참 전부터 겁에 질려 벌벌 떨고 있던 여인이 가까스로 답했다.

"네, 네…… 그 그렇습니다."

그 대답에 판사는 다시 이마를 쓱쓱 문질렀다. 그의 버릇인 것 같았다. 그는 이마를 문지르며 혼잣말로 탄식했다.

"큰일 났군."

그리고 더욱 무거운 목소리로 여인에게 다시 물었다.

"돼지의 가격은 얼마인가?"

순진한 여인이 솔직하게 답했다.

"3실링 8펜스입니다."

판사는 아예 고개를 숙이고 양손으로 머리를 감싸 쥐다시피 했다. 예상치 못한 판사의 반응에 여인은 물론 왕자와 헨던도 고개를 갸웃했다. 모어의 안색은 어느 때보다 창백했다. 어색한 침묵이 이어졌다. 이윽고 모어가 몹시 떨리는 음성으로 판사를 불렀다.

"판사님, 판사님께 청이 있습니다."

여전히 머리를 감싸 쥔 판사가 힘없이 말했다.

"무엇이오?"

모어가 여전히 떨리는 음성으로 말했다.

"제가 늙은 탓에 청력이 약해 잘 듣지 못합니다. 방금 저 여인이 돼지 값이 얼마라고 했는지 다시 한 번만 물어봐 주셨으면 합니다. 그리고 그에 앞서, 요즘은 얼마 이상의 물건을 훔치면 교수형에 처해지는지 알려 주실 수 있겠습니까?"

그러자 판사는 퍼뜩 고개를 들더니 또랑또랑한 음성으로 말했다.

"물론이오. 13펜스 반 페니 이상의 물건을 훔치면 교수형이오."

판사의 대답에 왕자와 헨던은 경악했다. 그들의 예상보다 훨씬 심각한 상황에 놓인 것이었다. 그들은 비로소 모어의 창백한 안색과 떨리는 목소리를 이해할 수 있었다. 헨던은 얼굴과 등줄기에 식은땀이 흘러내려 마치 비를 맞은 것 같았다. 왕자는 기가 막힌 나머지 아무것도 들리지도 보이지도 않았으며, 다리가 후들거려 서 있기조차 힘들었다. 그러나 가장 큰 충격을 받은 이는 그 여인이었다. 여인은 혼절할 듯 휘청거리더니 무릎 꿇고 울부짖으며 판사에게 애원했다.

"판사님, 존경하는 판사님, 제발 살려 주세요! 아, 제가 무슨 짓을 한 건가요? 제발 저 아이를 살려 주세요! 저 아이를 죽게 만들면 제가 앞으로 어떻게 살 수 있겠어요? 제발 저 아이를 살려 주시고 저도 좀 살려 주세요!"

판사는 경관들을 시켜 여인을 간신히 진정시켰다. 그리고 매우 진지하고 심각한 얼굴로 여인에게 물었다.

"자, 여인이여, 돼지 값이 얼마라고 했느냐? 사실 아까는 나도 잘 듣지 못했다. 여인이여, 다시 대답하라. 잘 생각해 보고 답하라. 돼지 값이 얼마인가?"

여인은 여전히 다리가 후들거렸지만, 판사의 말뜻을 알아들을 만큼의 정신은 남아 있었다. 그녀는 일말의 망설임도 없이 답했다.

"네, 8펜스입니다. 8펜스요."

그녀는 돼지 값을 순식간에 3실링이나 깎은 것이었다. 여인의 답에 모어와 헨던은 물론 판사까지 깊은 안도의 한숨을 내쉬었다. 아직 정신이 채 돌아오지 않은 여인은 미처 눈치채지 못했지만, 모어와 헨던은 그녀를 향해 고마움이 가득한 표정을 지었다.

한편, 왕자는 짧은 안도감에 이어 큰 슬픔을 느꼈다. 왕자가 고작 새끼 돼지 한 마리를 훔친 죄로 처형될 뻔하다니! 거지 소년 톰 캔티를 만난 이후 온갖 고초를 겪었지만 이번의 봉변은 너무 심했다. 왕자는 그저 빨리 이 법정에서 나가고 싶은 생각뿐이었다. 때문에 왕자는 모어와 헨던이 짧지만 심각한 대화를 나누는 것도 알아채지 못했다. 대화가 끝난 후, 무슨 이유에선지 헨던은 굳은 결의에 찬 얼굴로 고개를 끄덕였고, 모어는 매우 슬픈 표정으로 그의 손을 잡아 주었다.

이윽고 판사가 판결을 내렸다. 왕자는 교수형은 면했지만 태형을 언도받았다. 광장에서 채찍으로 매를 맞게 된 것이다. 아직 아이이므로 성인이 맞아야 할 스무 대의 절반만 맞게 된 점이 그나마 다행이었다. 그러나 왕자는 몇 대가 되었든 매를 맞는다는 것 자체가 경악스러웠다. 왕자는 하도 기가 막혀 온몸이 사시나무처럼 벌벌 떨리기 시작했다. 여인도 안타까운 표정으로 왕자를 쳐다봤다. 그때 모어가 무거운 목소리로 다시 입을 열었다.

"존경하는 판사님, 어린아이가 죄를 지었을 경우 부모가 대신 벌을 받을 수 있는 것으로 알고 있습니다."

그러자 판사는 그럴 줄 알았다는 듯 답했다.

"물론이오."

그러더니 헨던을 향해 물었다.

"어찌 하겠는가? 아들의 벌을 대신 받겠는가?"

헨던은 추호의 망설임도 없이 답했다.

"네!"

이에 판사가 고개를 끄덕이며 판결을 조정하려는 찰나, 여태껏 잘 참고 있던 왕자가 불쑥 큰 소리로 외쳤다.

"안 돼!"

모두 놀라서 쳐다봤으나, 왕자는 개의치 않고 헨던을 향해 말했다.

"절대로 안 된다. 내 어찌 무고한 그대에게 해를 입힐 수 있겠는가!"

모어는 황급히 왕자에게 조용히 하라고 했고, 헨던은 자기도 모르게 왕자의 입을 막았다. 모어는 혹시라도 판사의 심기를 거슬려 일을 망친 게 아닐까 걱정했지만, 다행히 그는 매우 관대한 사람이었다. 그는 화를 내는 대신 오히려 잔잔한 미소를 지으며 왕자를 타일렀다.

"아버지를 위하는 마음이 참으로 가상하구나. 그러나 정말로 네 아버지를 걱정한다면 다시는 그런 잘못을 하지 말거라."

판사가 왕자를 타이르는 동안, 모어와 헨던은 왕자에게 제발 좀 가만히 있으라고 속삭였다. 왕자는 아직 진정이 되지 않았지만, 두 사람의 충고를 따랐다. 결국 판사가 판결을 조정했다.

왕자,
누명을 쓰고
법정에 서다

10

"저 소년이 받을 태형은 아버지 마일즈 헨던이 대신 받도록 한다. 그러나 맞아야 할 매의 대수는 원래 성인이 받아야 할 스무 대로 올린다."

스무 대를 때리겠다는 판사의 말에 왕자는 마침내 주르륵 눈물을 흘렸다. 여인은 더욱 안타까운 표정으로 그 모습을 지켜보고 있었다. 그때 판사가 여인을 향해 물었다.

"여인이여, 혹시 판결에 불만이 있는가?"

그러자 잠시 머뭇거리던 여인이 몹시 더듬거리며 말했다.

"네? 아뇨. 아, 판사님, 아니, 존경하는 판사님."

판사가 담담한 얼굴로 말했다.

"할 말이 있는가? 빨리 말하라."

그러자 다시 망설이던 여인이 평생의 용기를 다 짜내어 말했다.

"괜찮으시다면, 조금만 더 선처를 베풀어 주실 순 없을까요?"

그러자 판사는 기다렸다는 듯 냉큼 그 말을 받았다.

"좋다. 피해자가 원하니 특별히 선처를 베풀겠다. 매의 대수를 다시 열 대로 낮춘다."

그리고 여인에게 더 말할 틈을 주지 않고 근엄한 얼굴로 말했다.

"그럼 그대는 이만 퇴장해도 좋다."

여인은 판사를 향해 연신 머리를 조아린 후, 왕자와 헨던을 번갈아 쳐다보더니 깊은 한숨을 내쉬며 걸음을 뗐다. 그러자 키 작고 뚱뚱한 경관이 여인을 데리고 법정을 빠져나갔다. 그 모습을 유심히 지켜보던 모어에게 판사가 물었다.

"소년 측은 불만이 있는가?"

모어가 판사를 향해 공손히 고개를 숙이며 답했다.

"없습니다. 관대한 처분에 깊이 감사드릴 뿐입니다."

판사가 말했다.

"좋다. 집행은 내일 정오에 할 것이며, 그때까지 소년과 아버지는 구금될 것이다. 이만 폐정을 선언한다."

판사의 선고가 끝나자, 모어와 헨던은 다시 한 번 고개 숙여 판사에게 예를 표했다. 왕자는 고개를 숙이진 않았지만, 더 이상 저항하지도 않았다. 그저 훌쩍거리며 서 있을 뿐이었다. 키 크고 마른 경관이 왕자와 헨던을 감방으로 데려가 가뒀다. 모어는 그들에게 조금 있다 찾아가겠다고 하고 서둘러 법정 출구로 향했다.

출구 밖으로 나가자 넓고 어두운 복도 끄트머리에서 두 남녀가 실랑이를 벌이는 소리가 들려왔다. 먼저 나간 여인과 키 작은 경관이었다. 여인이 몹시 화난 듯 큰 소리를 냈다.

"정말 너무하시네! 어떻게 3실링 8펜스짜리 돼지를 단돈 8펜스에 내놓으라는 거예요? 경관인 줄 알았더니 도둑이 따로 없네!"

그러자 경관이 킥킥거리며 받아쳤다.

"무슨 소리야, 지금 바가지 씌우는 거요? 킥킥, 아까 분명 8펜스라 했잖아."

기가 막힌 여인은 말을 더듬었다.

"네? 아니, 그건, 그건……."

경관은 계속 이죽거렸다.

"왜? 왜 말을 하다 말지?"

여인이 목소리를 낮추며 쏘아붙였다.

"그건 아이 목숨을 살리려고 그런 거잖아요!"

그러자 경관이 협박했다.

"킥킥, 아 그래? 위증을 했다 이 말이지? 와, 위증이 얼마나 큰 죄인지 잘 모르시나 봐?"

그 말에 여인은 헉 소리를 낼 뿐 대꾸조차 못했다. 경관의 협박은 계속되었다.

"자, 그럼 판사님께 돌아갈까? 가서 당신은 위증죄로 처벌받고, 꼬마는 내일 교수대에 매달리고, 킥킥킥."

그러자 가엾은 여인이 울상이 되어 물었다.

"도대체 나보고 어떡하라는 거예요?"

경관이 계속 이죽댔다.

"뭘 어떡해? 어서 이 8펜스를 챙겨 들고, 돼지를 내놓고, 여기서 썩 꺼지라는 거지."

여인은 흐느껴 울 뿐 더 이상 말이 없었다.

그때 갑자기 모어가 나섰다.

"오, 부인, 여기 계셨군요."

깜짝 놀란 경관과 여인 앞에 모어가 특유의 여유로운 미소를 지으며 다가섰다. 그리고 아무것도 모른다는 듯 태연하게 말을 붙였다.

"부인, 아직 안 가셔서 다행입니다."

여인은 눈물을 훔치며 물었다.

"아직도 저한테 볼일이 남으셨나요?"

모어가 빙긋 웃으며 답했다.

"네. 그 돼지를 제게 파시죠."

뜬금없는 말에 여인과 경관은 눈을 크게 떴다. 이윽고 경관이 억지로 분노를 가라앉히며 말했다.

"이봐, 부인은 내게 돼지를 팔기로 했어. 그러니 그냥 가라고."

그러자 모어가 코웃음 치며 말했다.

"얼마에? 8펜스에? 내가 듣기로 아직 부인은 승낙하지 않은 것 같은데. 그렇지 않소, 부인?"

거침없는 모어의 태도에 압도된 부인이 얼떨결에 답했다.

"네? 네, 맞아요. 아직……."

모어는 분노와 적개심으로 이글이글 타오르는 경관의 눈을 무표정하게 마주보며 여인에게 말했다.

"호, 그럼 아직 거래가 성사된 건 아니군요. 다행입니다. 부인, 그 돼지를 제게 파세요."

당황한 부인은 아무 말도 못했고, 경관은 살벌한 목소리로 을러대듯 말했다.

"대체 뭔 헛소리야? 내가 먼저 사겠다고 했는데."

그러나 모어는 호탕하게 껄껄 웃으며 말했다.

"당신이야말로 무슨 헛소리요? 원래 거래는 흥정을 해야 제 맛인 법. 자, 어서 흥정이나 시작합시다. 당신은 이 돼지를 8펜스에 사려고 했더군. 그런데 경쟁이 붙으면 가격이 더 오르는 법이지. 자, 이제 당신과 나 사이에 경쟁이 붙었으니, 내가 가격을 올리겠소."

그러고는 주머니를 뒤져 예의 그 낡은 금화 한 닢을 꺼내 부인에게 내밀며 말했다.

"자, 부인, 이 금화를 받고 돼지를 제게 파시죠."

모어의 황당한 행동에 경관의 인내심은 한계점을 넘어섰다. 그는 천박하게 으르렁댔다.

"지금 이게 무슨 개수작이야?"

그러나 모어는 눈 하나 깜짝하지 않고 비웃었다.

"개수작은 누가 한 건지 모르겠군. 이봐, 판사님께 가서 자네가 돼지를 8펜스에 사려고 했다고 말씀드려 볼까?"

그 말이 무슨 마법의 주문이라도 된 듯, 경관은 움찔하더니 얼굴이 창백해지고 식은땀을 줄줄 흘릴 뿐 아무 말도 못했다. 그런 그에게 모어가 야멸차게 마지막 한마디를 던졌다.

"썩 꺼져."

그러자 경관은 분노와 수치심이 뒤섞인 눈초리로 모어를 흘겨 보더니 힘없이 돌아섰다. 그리고 이내 사라져 갔다. 경관이 사라지자 여인이 모어에게 고맙다는 말을 했다.

"정말 고맙습니다. 저 날강도 같은 놈한테 돼지를 뺏길 뻔했네요."

그러고는 다시 돼지를 챙겨 떠나려 하는 걸 모어가 붙잡았다.

"잠깐만요, 부인. 그 돼지를 제게 파시라니깐요."

모어는 금화를 여인에게 다시 내밀었다. 깜짝 놀란 여인이 외치 듯 물었다.

"네? 정말 그 금화로 이 돼지를 사시려고요?"

모어가 웃으며 짧게 답했다.

"네."

여인은 황당하다는 듯 말했다.

"하지만 나리, 그 금화 한 닢이면 이런 돼지는 열 마리도 살 수 있을 걸요!"

그러자 모어는 미소 띤 얼굴로 여인의 손에 금화를 쥐어 주며 말 했다.

"부인, 이 금화에는 돼지 값뿐 아니라, 감사의 마음도 포함되어 있습니다. 부인이 오늘 한 귀한 목숨을 살리셨으니까요."

그러나 여인은 여전히 망설여지는 듯 떨리는 목소리로 말했다.

"하지만, 아무리 그래도……. 이 돈을 받으면 제가 도둑이나 다를 바 없어요."

그러자 모어가 껄껄 웃으며 돼지를 빼앗아 자기 품에 덥석 안았다.

"부인이 왜 도둑입니까? 자, 보세요! 제가 이 돼지를 안고 있다는 것은 부인이 제게 돼지를 파신 명백한 증거입니다."

갑자기 주인이 바뀐 돼지는 깜짝 놀랐는지 꿀꿀거리며 발버둥 쳤다. 여인은 그제야 비로소 잠깐 따라 웃더니, 다시 망설이는 목소리로 금화를 만지작거리며 말했다.

"조금 전까지만 해도 오늘은 정말 재수가 없다고 생각했는데, 오히려 제 인생에서 가장 운수 좋은 날이 되었네요."

"행운은 선한 사람에게만 찾아오는 법입니다. 선한 마음은 불운도 행운으로 바꿔 주죠. 부인, 부디 그 선한 마음을 간직하십시오."

여인은 고개를 숙여 작별 인사를 건네고 총총히 사라져 갔다. 모어는 잠시 그 뒷모습을 바라보다가, 문득 무거운 한숨을 내쉬며 왕자와 헨던이 기다리고 있을 감옥으로 향했다.

[28] 리처드 1세의 신장은 196센티미터 정도였던 것으로 알려져 있다. 당시 잉글랜드 성인 남성의 평균 신장은 170센티미터 안팎에 불과했다.

11

모어,
사유 재산에
관해 논하다

감옥은 감방마다 붐볐다. 왕자와 헨던이 갇힌 감방 안에는 수갑이나 족쇄를 찬 약 스무 명의 남녀가 함께 갇혀 있었다. 그들은 몹시 지저분했고 상스러워 보였다. 쉬지 않고 말다툼했으며, 간혹 주먹이 오가기도 했고, 남자 죄수들은 여자 죄수들을 희롱했다. 가끔씩 간수들이 몽둥이로 쇠창살을 두들기며 욕설을 퍼부었는데, 그러면 비로소 조금 진정되었지만 잠시 뿐이었다.

감당할 수 없는 고난에 왕자는 기어이 넋이 나간 듯했다. 왕자의 눈에는 초점이 없었고, 헨던이 말을 걸어도 대꾸가 없었다. 헨던은 감방 맨 구석에 왕자를 눕히고 낡고 더러운 담요를 덮어 주었다. 감방 안에는 불량배들이 많았지만, 헨던의 우람한 풍채에 압도되어 딱히 성가시게 굴지는 않았다. 왜 잡혀 왔는지 묻는 자들은 있었지만, 헨던이 귀찮은 듯 대하면 굳이 캐묻지 않았다. 그러던 차에 모어가 찾아왔다.

"이보게, 헨던. 내가 왔네."

모어의 목소리를 들은 헨던이 양손으로 쇠창살을 잡고 얼굴을 내밀었다.

"오셨군요."

헨던은 그 이상 말을 잇지 못했다. 무쇠 같은 헨던도 상황이 이쯤 되자 눈시울이 젖었고, 그를 바라보는 모어의 가슴은 미어지는 듯했다. 모어는 그의 손을 어루만지며 그저 "고생이 많네."라고 할 뿐이었다. 그때 왕자가 다가왔다. "전하" 하고 모어가 불렀으나 왕자는 답이 없었다. 헨던이 몹시 걱정스러운 듯 말했다.

"아까부터 통 말이 없으십니다."

왕자가 실성한 게 아닐까 더럭 겁이 난 모어의 목소리가 저절로 높아졌다.

"전하, 전하, 괜찮으십니까?"

왕자는 무표정한 얼굴로 천천히 고개를 끄덕였다. 모어는 왕자가 반응을 보여서 약간 마음을 놓았다. 모어는 품속에서 꾸러미를 꺼내며 말했다.

"전하, 이걸 좀 보십시오."

그리고 꾸러미를 끌렀다. 그러자 새끼 돼지가 고개를 내밀고 꿀꿀거렸다. 왕자가 모처럼 미소 지으며 말했다.

"귀엽군."

그리고 손을 뻗어 새끼 돼지의 주둥이를 어루만졌다. 그러자 돼지는 왕자의 손을 날름날름 핥았다. 왕자가 소리 내어 웃으며 말했다.

"하하, 간지럽다."

그 모습에 모어와 헨던은 마주보며 안도의 한숨을 내쉬었다. 왕자는 괜찮았다.

"그런데 이 돼지가 왜 그대 품에 있소?"

왕자의 물음에 모어가 여인에게서 돼지를 사게 된 경위를 이야기했다. 왕자가 모어를 칭찬했다.

"참 잘했구려. 그 여인은 매우 착했소. 내 대신 그대가 보상을 해 줬다니, 내 마음이 흡족하오."

헨던도 웃으며 말을 보탰다.

"정말 잘하셨네요. 그래도 오늘 운이 좋았던 편입니다. 여인도 착했지만, 판사도 좋은 사람이더군요."

모어도 동의했다.

"음, 훌륭한 판사였네. 크게 될 인물일세."

그러나 왕자는 볼멘소리를 했다.

"하지만 그 판사 때문에 헨던이 매를 맞게 되지 않았나?"

왕자의 눈에는 다시 눈물이 글썽거렸다. 헨던이 손사래를 치며 말했다.

"아이고, 왕자님, 진짜 나쁜 법관을 못 보셨군요. 오늘 만난 판사 정도면 정말 훌륭한 겁니다."

모어가 헨던을 거들었다.

"그렇습니다, 전하. 헨던이 태형을 받은 건 판사 때문이 아니라 휴고라는 악당 때문입니다. 그리고 법률은 명확하게 글로 적혀 있지만, 해석하는 법관에 따라 전혀 다른 효력이 발생할 수 있습니다. 오늘 우리는 매우 어진 판사를 만났던 겁니다. 사악하고 나태한 판사를 만났다면 훨씬 큰 처벌을 받았을 겁니다."

그러나 왕자의 기분은 아직 풀리지 않았다. 왕자의 분노는 키 작고 뚱뚱한 경관으로 옮아갔다.

"그건 그렇고, 착한 여인에게서 돼지를 뺏으려 하다니, 그 경관이야말로 진짜 도둑 아닌가?"

모어가 답했다.

"원래 관리들 중에 도둑이 많습니다. 전하께서는 장차 그런 자들을 엄히 단속하셔야 합니다."

"물론이오."

왕자는 결연히 고개를 끄덕였다. 이제 왕자가 평소의 모습을 되찾은 게 확실해 보여 모어는 완전히 마음을 놓았다.

"전하, 잠시 나갔다 오겠습니다."

모어는 헨던에게 새끼 돼지를 맡기고 나갔다.

잠시 후 모어가 다시 돌아왔다. 그 뒤에는 간수 한 명이 따라왔다. 그런데 모어가 간수에게 눈짓을 하자, 간수가 감방 문을 열고 왕자와 헨던을 꺼내 주는 것이었다. 그리고 아담하지만 꽤 깔끔한 감방으로 안내했다. 척 보기에도 신분 높은 죄수가 갇히는 곳 같았다. 왕자와 헨던은 얼떨결에 그 감방으로 들어갔다. 일을 마친 간수가 감방 문을 잠그려 하자 모어가 말했다.

"나도 좀 들여보내 주시오."

그러자 간수가 어처구니없다는 듯 말했다.

"뭐요? 여기가 여관인 줄 아슈?"

그러나 모어가 말없이 빙그레 웃기만 하자 황당하다는 듯 혀를 차며 말했다.

"뭐, 정 소원이라면 들어가슈."

그리고 모어가 감방 안으로 들어가자 문을 걸어 잠그며 중얼거렸다.

"별 미친……. 살다 살다 감방에 넣어 달라는 사람은 또 처음 봤네."

그러고는 열쇠 꾸러미를 절걱거리며 사라져 갔다.

이로써 세 사람이 모처럼 오붓하게 모여 앉았다. 비록 장소가 감방이긴 했지만. 그래도 아까 있던 곳보다는 훨씬 깨끗하고 조용했다. 잠시 어색한 침묵이 흘렀다. 헨던이 그것을 깨고 모어에게 물었다.

"이곳은 귀족들이 갇히는 곳인가 봐요?"

그러자 모어가 담담하게 말했다.

"그렇지. 원래 자네 신분에 어울리는 곳이지."

그 말에 헨던이 웃음을 참지 못하며 말했다.

"하하, 하긴 그렇네요. 제가 귀족 출신인 건 사실이니까. 비록 집에서 쫓겨나 떠돌아다니는 신세가 되었지만요."

왕자가 눈을 동그랗게 뜨며 물었다.

"집에서 쫓겨나?"

그리고 고개를 갸웃거리더니 재차 물었다.

"그럼 모험심 때문에 군인이 된 게 아니었나?"

그러자 헨던이 호탕하게 웃으며 말했다.

"제가 모험심이 강한 건 맞지만, 그래서 군대에 간 건 아닙니다."

아직 궁금증이 풀리지 않은 왕자 대신 모어가 물었다.

"쫓겨나다니? 부모님께 벌을 받았나? 아니면 형제에게 배신이라도 당한 건가?"

그러자 헨던은 씁쓸하게 웃으며 답했다.

"두 번째가 맞습니다. 배신당했죠. 제 동생에게요."

그리고 옛 추억에 잠기듯 눈을 지그시 감는데, 왕자가 보채듯 물었다.

"배신을 당하다니, 그건 또 무슨 말인가?"

그러자 헨던은 자신의 사연을 털어놓았다. 그는 삼형제 중 둘째였다. 장남 아서는 착했지만 몸이 허약했고, 막내 휴는 사악하고 교활한 인물이었다. 그런데 십 년 전 아서가 중병에 걸리자, 휴는 아버지에게 마일즈를 모함했다. 유산을 독차지하고픈 욕심 때문이었다. 결국 속아 넘어간 헨던 경은 억울한 마일즈를 군대에 보냈다. 고생을 하고 반성해서 돌아오라는 뜻이었다. 때문에 마일즈는 4년간 집을 떠나 있어야 했다. 그 사이 아서는 물론 헨던 경까지 차례로 숨을 거두었고, 결국 사악한 막내 휴가 모든 것을 차지했다. 그리고 수단 방법을 가리지 않고 마일즈의 귀향을 막았다. 그는 자기보다 잘나고 씩씩한 둘째 형을 원래부터 시기했는데, 이제 유산을 놓고 경쟁하게 되었으니 당연한 일이었다. 결국 마일즈 헨던은 동생에게 해를 당할까 두려워 차마 고향에 돌아가지도 못하는 신세가 된 것이었다.

왕자는 혀를 차며 분개했다.

"세상에 그런 악당이 있는가! 나는 내 왕국에 그런 악당이 존재한다는 사실을 참을 수 없다!"

그리고 헨던을 향해 따뜻한 목소리로 말했다.

"내가 무사히 왕위에 오르면, 당장 사악한 휴를 벌하고 자네 영지를 되찾아 주겠네."

그러자 헨던은 활짝 웃으며 진심 어린 감사를 표했다. 이 아이가 진짜 왕자이건 아니건 무슨 상관인가. 자신을 걱정하고 위로하는 마음이 정말로 고맙지 않은가!

헨던이 감동에 젖어 있는 사이, 왕자는 모어에게 진즉부터 궁금했던 것을 물었다.

"그런데 히슬로드 경, 어떻게 우리가 이 방으로 오게 된 거요? 이곳은 비록 감방이지만, 아까 그곳보다는 훨씬 낫소."

"아아, 그야 뭐⋯⋯."

모어는 잠시 말꼬리를 흐리더니, 겸연쩍게 웃으며 말했다.

"뇌물을 쓴 덕이지요."

"뇌물?"

왕자의 눈이 또 동그래졌다. 모어는 절대로 뇌물 따위를 쓸 인물로 보이지 않았던 것이다. 모어는 여전히 멋쩍게 웃으며 덧붙였다.

"네, 뭐⋯⋯. 술과 고기를 좀 푸짐하게 사서 간수들에게 돌렸습니다. 좋아하더군요. 아참, 그리고 내 정신 좀 보게."

모어는 품속에서 고기와 빵, 그리고 우유를 꺼냈다.

"전하, 시장하시죠? 이걸로 요기를 좀 하십시오. 헨던, 자네도 들게."

반쯤 정신이 나갔던 왕자는 배고픈 것도 잊고 있었지만, 막상 먹을 것을 보니 격렬한 허기가 느껴졌다. 왕자는 고맙다는 말도 하는 둥 마는 둥 하고 입 속에 빵을 쑤셔 넣었다. 배가 고프긴 헨던도 마찬가지였다. 그는 고기 한 조각을 입에 넣고 우물거리며 모어를 놀렸다.

"정말 뜻밖인데요? 히슬로드 님이 이렇게 융통성 있는 분인 줄 몰랐네요. 항상 어려운 이야기만 하시더니, 의외로 세상을 쉽게 사시는군요."

그 악의 없는 농담에 모어도 씁쓸하게 웃으며 말했다.

"분명히 말해 두네만, 나 자신을 위해서라면 뇌물을 쓰지 않았을
걸세. 하지만 억울한 누명을 쓴 소년과 그를 보호하려는 사람을 위해
서라면 얼마든지 쓸 수 있지."

헨던은 별 대꾸 없이 웃으며 빵과 고기를 먹었다. 모어도 말없이
웃고 있었다. 말은 필요 없었다. 어느새 그들 사이에는 강한 신뢰와
끈끈한 유대가 형성되어 있었다.

음식은 순식간에 바닥났다. 새끼 돼지도 우유를 실컷 마시고 왕
자 곁에서 쿨쿨 잠들었다. 왕자는 새끼 돼지를 품에 안고 쓰다듬어
주었다. 그러나 왕자의 얼굴은 몹시 어두웠다. 말 한마디 붙이기 어
려울 정도였다. 생각해 보면 당연한 일이었다. 배는 채웠지만 여전히
감방 안이었고, 내일이면 헨던이 죄 없이 맞는 꼴을 보게 생겼으니
까. 그러나 왕자의 심기를 불편케 한 다른 이유가 또 있는 모양이었
다. 왕자가 한참의 침묵을 깨고 말했다.

"돈이란 게 참 무서운 것이군."

뜻밖의 말에 헨던이 놀라 물었다.

"갑자기 무슨 말씀이세요?"

왕자가 침울한 표정으로 돼지를 내려다보며 답했다.

"오늘 나는 애를 훔쳤다는 누명을 쓰고 하마터면 목숨을 잃을 뻔

했네. 그런데 그 여인이 돼지 값을 3실링 낮춘 덕분에 살았지. 단돈 3실링으로 생사가 갈리다니, 기분이 참 이상하군."

모어와 헨던은 묵묵히 있었다. 워낙 쉽게 이야기하기 어려운 문제였기 때문이다.

"그리고 그 못된 경관이 고작 8펜스로 이 돼지를 뺏으려 한 건 더 충격적이었네. 돈 몇 푼 때문에 그처럼 자기 인격을 내팽개칠 수 있단 말인가."

모어와 헨던은 여전히 말이 없었고, 왕자는 이제 거의 탄식하듯 이야기했다.

"더 충격적인 것은 이곳에서의 일일세. 이곳에 처음 끌려왔을 때, 그들은 우리를 저 더럽고 시끄러운 감방에 막무가내로 처넣고 마치 짐승 다루듯 했다네. 그런데 경이 뇌물을 쓰자 얼른 이 깨끗하고 조용한 감방으로 옮겨 주는군. 물론 그 덕에 난 한결 편해지긴 했지만……."

왕자는 잠시 말을 멈췄다가 고개를 저으며 다시 말했다.

"그래도 참 씁쓸하군. 나라의 녹을 먹는 관리들마저 돈과 뇌물에 저토록 흔들리다니……. 대체 뭐가 문제인 걸까?"

뭐라 말하기 힘든 주제였다. 한동안 어색한 침묵이 흘렀고, 헨던이 어색하게 입맛을 다시며 한마디 했다.

"원래 세상일이 그렇습니다, 하하."

그리고 멋쩍은 듯 머리를 긁적거렸다. 더 긴 침묵이 흘렀다. 한참 후, 모어가 무겁게 입을 뗐다.

"사실 가장 근본적인 문제는……. 사유 재산 제도에 있습니다."

'이 양반, 또 어려운 얘기를 시작하는군.'

헨던은 쓴웃음을 지었고, 왕자의 눈은 또 동그래졌다.

"사유 재산? 갑자기 그게 무슨 말이오?"

그러자 헨던이 친절하게 설명해 줬다.

"개인이 가지고 있는 자기 재산을 말하는 거죠."

그러자 왕자가 혀를 차며 말했다.

"그 말뜻 정도는 나도 알고 있네. 내 말은 사유 재산이 왜 문제냐는 거지."

모어가 매우 진지한 표정으로 말했다.

"사유 재산이 인정되고 돈이 만물의 척도가 되는 한 국가가 정의롭게 다스려지거나 번창할 수 없습니다."

그 거창한 말에 왕자와 헨던은 말문이 막혔다. 한참 정적이 흘렀다. 이윽고 헨던이 모어에게 조심스레 물었다.

"대체 무슨 말씀인지 모르겠군요. 사람이 사는 데는 옷과 음식, 그리고 집 같은 것들이 필요하지 않습니까? 돈이 있어야 그것들을 구할 수 있고요. 또한 저마다 신분과 능력에 따라 구할 수 있는 게 다른 건 당연한 이치 아닙니까?"

왕자도 맞장구쳤다.

"그렇지. 개인들의 재산을 허용하지 않으면 무슨 수로 옷이나 음식을 구할 수 있겠소?"

모어는 그런 말이 나올 줄 알았다는 듯 태연하게 답했다.

"모든 재화를 공동체 재산으로 삼아 관리하면 됩니다. 그리고 공평하게 분배하면 되지요."

그 말에 헨던이 동의하기 어렵다는 듯 말했다.

"그렇다면 모든 사람들이 똑같이 분배받는다는 말씀인가요? 신분 높은 자와 낮은 자, 유능한 자와 무능한 자, 성실한 자와 게으른 자 할 것 없이?"

모어가 당찮다는 듯 웃으며 말했다.

"그럴 리야 있겠나? 자네 말대로라면 오히려 불공평하지. 국민들이 생산한 것을 국가에서 적절하게 재분배해야 한다는 말일세. 자네가 어느 집 가장이라고 생각해 보게. 자네에게 아들이 둘 있는데, 하나는 성실하지만, 또 하나는 게으른 녀석이야. 그렇다면 자네는 누구에게 더 많은 재산을 물려주겠는가? 당연히 성실한 아들 아니겠나?"

모어는 잠시 숨을 고른 뒤 이야기를 이어갔다.

"국가도 마찬가지일세. 원래 국가란 가족 공동체가 확대된 것이거든. 따라서 국민 중에서도 유능하고 성실한 자들에게는 더 넉넉히

분배하고, 무능하고 불성실한 자들에게는 적게 분배해야겠지."

이번에는 왕자가 질문을 던졌다.

"그건 당연한 일 아니오? 경의 생각에 지금 잉글랜드는 그렇지 않다는 것이오?"

모어가 망설임 없이 답했다.

"물론입니다, 전하."

그리고 잠시 뭔가 골똘히 생각하더니 왕자에게 되물었다.

"전하는 지금 잉글랜드의 법률에 관해 어떻게 생각하십니까?"

갑작스럽고도 어려운 질문에 왕자가 얼른 답하지 못하자 모어가 심각하게 말했다.

"저는 잉글랜드의 법률이 너무 복잡하다고 생각합니다."

그리고 얼른 왕자에게 다시 물었다.

"전하께선 잉글랜드의 법률이 복잡한 이유를 아십니까?"

왕자가 솔직히 답했다.

"잘 모르겠소."

모어가 말했다.

"잉글랜드가 좋은 사회가 아니기 때문입니다. 좋은 사회는 법률이 별로 필요 없습니다. 법률이 복잡하다는 것은 그 사회가 건강하지 못하다는 반증입니다."

그리고 또 왕자에게 물었다.

"그렇다면 전하는 왜 잉글랜드 사회가 건강하지 않은지 아십니까?"

어려운 질문이 꼬리를 물자 왕자는 조금 난처해졌다.

"잘 모르겠소."

그러자 모어가 단호하게 말했다.

"바로 사유 재산 때문입니다. 소수의 사람들이 부당하게 많은 재산을 갖는 것을 보장하려다 보니 법률이 복잡해지는 것입니다."

그러더니 왕자와 헨던이 말할 틈도 주지 않고 곧바로 설명을 시작했다.

"재화의 재분배에 국가가 개입하지 않고, 사람들이 각자 재화를 차지하도록 허용하는 순간 재앙이 시작됩니다. 모든 사람은 많은 재화를 차지하고 싶어 합니다. 따라서 한정된 재화를 두고 치열한 경쟁이 벌어집니다. 이때 적절한 분배는 불가능하고, 많은 재화를 소수의 사람이 차지하게 됩니다. 그런데 소수의 사람이 많은 재화를 차지하려면 정상적인 방법으로는 불가능하므로, 결국 수단 방법을 가리지 않게 됩니다. 수단 방법을 가리지 않는다는 말은 법을 어기고, 성경을 무시하고, 양심을 외면한다는 뜻입니다."

그는 잠시 생각에 잠겼다가 이야기를 계속했다.

"예를 들어, 헨던의 동생 휴라는 자를 떠올려 보십시오. 그가 유산을 독차지하고자 선량한 형에게 어떻게 했습니까?"

그리고 또 잠시 생각하더니 말을 이었다.

"오늘 그 경관도 마찬가지입니다. 그는 돼지를 터무니없는 가격에 사려 했지요. 이는 법을 어겼을 뿐더러, 성경과 양심을 모두 무시한 것입니다. 그런데 실제로 그런 자들이 많은 재화를 모읍니다. 사유 재산을 모으는 방법이 옳고 그른가에 대해 사람들이 큰 관심이 없기 때문입니다."

여기까지 들은 왕자와 헨던은 자기도 모르게 미간을 찌푸리며 고개를 끄덕였다. 모어의 이야기는 계속되었다.

"다시 말해, 사악하고 이기적인 자들은 부유해지고, 순박하고 공익을 우선하는 사람들은 가난해집니다. 그런데 부자가 되면 반드시 행복해지는 것도 아닙니다. 옳지 못하게 재산을 모은 자들은 똑같은 방식으로 다른 자에게 재산을 빼앗길까 두려워합니다. 한편, 다수의 선량하고 가난한 사람들은 아무리 열심히 살아도 춥고 배고프므로 늘 근심 걱정으로 괴로워합니다. 결국 사유 재산 제도 하에서는 모두 불행할 수밖에 없는 것입니다."

모어의 이야기에 왕자와 헨던은 경악했다. 모어의 이번 이야기는 그들이 이해하고 감당하기엔 너무 거창하고 과격한 것이었다. 특히 헨던은 모어에게 약간의 두려움마저 갖게 되었다. 물론 이 히슬로드라는 사람이 원래 놀라운 이야기를 많이 했지만, 지금 이야기는 도저히 받아들이기 힘든 것이었다. 세상에는 귀족과 평민이 있고, 또

잘난 사람과 못난 사람이 있는데, 어찌 부를 공평하게 재분배하며 사유 재산을 없앤단 말인가?

'이 사람 혹시 광인 아닌가? 법관 자리에서 물러난 것도 이런 광기 때문이었을까?'

헨던은 그런 생각마저 들었다. 그래서 모어에게 조심스럽게 말을 붙였다.

"결국 사유 재산을 반대하고, 모든 재화를 공동 관리해야 한다는 말씀인가요?"

"그렇지."

"그런데 그건 너무 독창적인 생각 아닌가요? 저도 명색 귀족 출신이라 나름 좋은 교육을 받았습니다만, 그런 이야기는 처음 들었습니다."

그러자 모어가 모처럼 미소를 지으며 말했다.

"흠, 그건……. 결코 자네를 모욕할 의도는 없네만, 자네가 너무 판에 박힌 교육을 받았기 때문이지."

"네? 그건 또 무슨 말씀인지?"

"자네가 받았을 교육을 내 맞춰 보지. 일단 교회에서 성경을 배웠겠지. 그리고 기사도 교육을 받았을 테고, 승마술이나 검술도 배웠겠지. 라틴어도 약간 배웠나?"

"네, 뭐, 대충 맞습니다."

헨던이 얼결에 답하자 모어가 확인하듯 물었다.

"하지만 그리스어는 안 배웠지?"

"네."

그러자 모어가 다시 진지한 표정으로 말했다.

"자네가 내 생각이 너무 독창적이라 했는데, 실은 그렇지 않아. 먼 옛날 그리스에는 그런 생각을 가진 철학자들이 많았지. 비록 우리가 기독교를 믿게 된 후로 그들을 외면해 왔지만, 그들의 사상을 꼼꼼히 들여다보면 놀랍고 유익한 것들이 많다네."

그러자 왕자가 모처럼 입을 열었다.

"소크라테스[29]나 플라톤[30], 아리스토텔레스[31] 같은 사람들 얘긴가?"

그러자 모어가 왕자에게 찬사를 바쳤다.

"과연 총명하십니다, 전하. 이 나라의 큰 복입니다."

왕자는 멋쩍게 웃으며 겸손의 말을 했다.

"그저 이름만 들어 봤을 뿐이오."

헨던은 다시 한 번 왕자에게 놀랐다. 자기도 생소한 그리스인들의 이름을 알다니. 누더기 걸친 소년이 어찌 이토록 유식할까?

한편 모어의 이야기는 계속되었다.

"플라톤이 바로 그런 인물입니다. 그는 재화의 공평한 분배가 국가의 안녕을 위한 유일한 방법이라 했습니다. 전에 이야기했던 저지대 사람 에라스뮈스의 《격언집》을 보면, 플라톤 외에도 많은 옛 현자들이 '친구들은 모든 것을 공유한다'는 명제에 동의하고 있음을 알 수 있습니다. 플라톤의 스승 소크라테스, 뛰어난 서사시인 에우리피데스[32], 그리고 로마의 정치가 키케로[33] 등이 그런 사람들입니다."

왕자가 약간 놀란 듯 말했다.

"모두 유명한 사람들이구려. 그들이 사유 재산을 반대했다고?"

"엄밀히 말해, 사유 재산에 반대했다기보단 공동체 재산을 강조했지요. 그러나 일맥상통하는 면이 있습니다. 소크라테스는 '선한 인간은 마치 신들이 그러듯 모든 것을 소유한다'고 했습니다. 또한 에우리피데스의 희곡 〈오레스테스〉에선 '친구들의 물건은 공동 재산이다', 〈안드로마케〉에선 '친구 사이에 숨길 게 무엇인가? 그들이 진실로 친구라면 모든 재산도 공유하거늘'이란 대사가 나옵니다. 키케로는 《의무론》에서 '그리스 속담에 따르면, 친구의 재산은 공유 재산이다'라고 했습니다. 이처럼 위대한 옛 사상가들은 공유 재산을 미덕으로 여겼습니다."

왕자와 헨던은 모어의 해박한 지식과 독특한 견해가 옛 사상가들에 대한 관심에서 비롯되었음을 비로소 깨달았다. 실제로 당시 잉글랜드 지식인들은 고대 그리스 철학자들에 대한 관심이 매우 높았다. 이런 현상은 에라스뮈스의 방문 후 두드러졌는데, 이것이 바로 당시 유럽을 강타한 르네상스였다. 특히 에라스뮈스와 각별한 우정을 나눴던 모어는 그리스 철학자들에 깊은 관심을 가졌다.

왕자도 그런 현상에 대해 대충 알고 있었다.

"옥스퍼드나 케임브리지 같은 대학들을 중심으로 옛 사상에 대한 관심이 높아졌다고 들었소. 그대도 그런 사람들 중 하나였나 보군."

모어는 왕자의 말에 가볍게 고개를 끄덕여 보인 후, 이야기를 마저 했다.

"그중에서도 가장 중요한 건 플라톤입니다. 그는 가장 위대한 철학자죠. 그는 《법률》에서 '가장 완벽한 정치 제도와 가장 훌륭한 법률을 가진 최선의 국가에서는, 친구들 사이에 재산은 진실로 서로 공동의 것이라는 옛말이 실제로 구현된다.'고 했습니다. 저는 이 말에 크게 공감합니다."

왕자와 헨던은 침묵을 지켰다. 장단을 맞추기에는 너무 어려운 이야기였던 것이다. 한동안 어색한 침묵이 흘렀고, 헨던이 조심스레 그것을 깼다.

"그런데 히슬로드 님……. 친구들이 재산을 공유한다는 취지는 좋지만, 요즘 세상에 적용시키기는 좀 어렵지 않을까요? 아무래도 현실성이 좀 부족한 것 같은데요."

그 말에는 모어도 딱히 반박하지 않았다.

"아무래도 그렇겠지. 인구가 적었던 옛 그리스 도시 국가들에서도 실현하지 못한 이상일세. 인구가 늘고 국가의 규모가 커진 오늘날에는 더 어렵겠지. 그저 나는 내가 바라는 세상이 어떤 것인지 이야기하고 싶었을 뿐이라네."

그 말에 왕자와 헨던은 천천히 고개를 끄덕였다. 헨던이 다시 말했다.

"그런데 히슬로드 님 말씀대로 소수의 악한 자들이 돈이나 땅을 너무 독점하는 것 같습니다. 이걸 막을 수 있는 방법은 없을까요?"

"좋은 질문이군."

그는 잠시 생각을 가다듬더니 말했다.

"국가가 개입해야지. 한계를 설정해서 그 이상의 돈이나 토지를 소유하지 못하도록 법을 만들고 엄격히 적용시켜야 할 걸세."

그러자 왕자가 조심스럽게 끼어들었다.

"그런데 그것도 사실 쉽지 않을 것 같소. 그런 법을 만드는 것도, 그 법을 잘 지키게 하는 것도."

그러자 모어가 왕자를 보고 웃으며 말했다.

"물론 어려운 일입니다, 전하. 그러나 세상에 쉬운 일은 없습니다. 설령 국왕이라 해도 말입니다."

국왕이란 말에 긴장한 얼굴로 바라보는 왕자를 향해 모어는 차분히 이야기를 이어갔다.

"장차 전하의 통치에 있어서도 사유 재산의 단속은 매우 중요합니다. 사유 재산이 전혀 제어되지 않아 소수의 사람들이 많은 재화를 독점한다면, 전하 곁에는 무능하고 탐욕스런 관리들만 남을 것이기 때문입니다."

그 말에 왕자의 눈은 다시 동그래졌다.

"그건 또 무슨 말이오?"

"매관매직에 관한 이야기입니다. 사람은 돈을 가지면 권력을 탐하게 마련입니다. 악한 자들은 부정한 방법으로 재물을 모은 후, 그 재물로 청탁을 하거나 관직을 사 버립니다. 그리하여 그들이 관리가 된 후는 더 문제입니다. 직무에 충실하기보다는, 관직을 얻는 데 쓴 재물을 만회하고자 더 많은 재물을 모으는 데만 열중하기 때문입니다. 결국 관리 집단이 국왕의 통치에 도움이 되기는커녕 왕을 속이고 백성을 착취하는 집단으로 타락하는 것입니다. 따라서 소수의 사람이 많은 재화를 모으는 것을 규제하는 법의 제정과 집행이 반드시 필요합니다."

그 말에 왕자는 깊은 시름에 잠겼다. 너무 비관적인 말을 들은 탓에 앞으로의 통치가 막막한 모양이었다. 꽤 시간이 흐른 후 왕자가 무겁게 입을 열었다.

"정말 어려운 일이군. 잘 알겠소. 그대 말을 잊지 않겠소."

왕자의 무거운 마음을 읽은 모어는 일부러 밝은 목소리를 냈다.

"그 말씀으로 제 마음이 한결 밝아졌습니다. 정말 감사합니다, 전하."

그러나 왕자의 얼굴은 그리 밝지 못했다. 비록 아직 어리지만, 모어의 말대로 하기가 어려우리라는 것을 본능적으로 느꼈기 때문이다. 그래서 왕자는 어두운 표정으로 침묵을 지켰다. 그 기색을 눈치 챈 헨던이 적절하게 대화를 끊었다.

"왕자님, 밤이 이미 깊었습니다. 이제 잠을 좀 청하시죠."

매우 피곤한 하루를 보냈던 터라, 왕자는 헨던의 말을 듣자마자 마법에 걸린 듯 잠이 쏟아졌다. 곁에는 새끼 돼지가 쿨쿨 자고 있었다. 왕자는 쓴웃음을 지었다.

'송아지에 이어서 이번엔 새끼 돼지인가.'

돼지를 만져 보니 송아지 못지않게 따뜻했다. 왕자는 돼지를 끌어안고 깊은 잠에 빠져들었다.

[29] 소크라테스(Socrates; 기원전 469?~399): 고대 아테네의 유명한 철학자. 아테네가 황금기를 거치며 부패하고 타락하자 소피스트들의 궤변을 비난하며 절대선의 존재를 긍정하고 도덕과 절제의 확립을 역설했다. 결국 아테네 민주정의 한계를 비판하다가, 젊은이들을 선동하여 풍기를 문란하게 한다는 죄목으로 처형되었다.

[30] 플라톤(Platon; 기원전 428?~347): 고대 아테네의 유명한 철학자로 소크라테스의 수제자로 알려져 있다. 스승의 사상에 많은 영향을 받았으나 더욱 발전한 모습을 보였으며, 특히 스승과 달리 많은 저술을 남겼다. 소크라테스는 저술을 남기지 않았고, 그의 사상은 플라톤의 저술들을 통해서 소개되었다. 그는 민주정에 관해서도 스승보다 훨씬 과격한 태도를 보이며 '중우정치(衆愚政治)'라 비판했다. 그는 현명한 군주가 통치하는 '철인(哲人)정치'를 가장 바람직한 정치 형태로 삼았다. 《유토피아》 속에서 모어는 플라톤에 대해 '가장 현명한 사람'이라며 찬사를 바쳤다.

[31] 아리스토텔레스(Aristoteles; 기원전 384~322): 플라톤의 제자이자 마케도니아 알렉산드로스 대왕의 스승으로 유명한 고대 그리스의 철학자. 그러나 소크라테스나 플라톤과 달리 아테네 출신이 아닌 마케도니아 출신이었다. 스승 플라톤이 관념론적인 이상주의의 입장을 취한 데 비해, 그는 상대적으로 현실주의적인 입장을 취했다. 플라톤을 능가할 정도로 왕성한 저술 활동을 했으나, 현재는 그의 저술 중 약 1/3만이 전해지고 있다.

[32] 에우리피데스(Euripides; 기원전 480~406): 고대 그리스 아테네의 비극 시인. 아이스킬로스, 소포클레스와 함께 가장 위대한 비극 시인으로 꼽힌다. 〈오레스테스〉, 〈안드로마케〉, 〈헬레네〉, 〈트로이의 여인들〉 등 많은 작품을 남겼다.

[33] 마르쿠스 툴리우스 키케로(Marcus Tullius Cicero; 기원전 106~43): 고대 로마 공화정 말기의 유명한 정치가, 사상가, 웅변가. 위기에 놓인 공화정을 지키고자 노력하였으나, 안토니우스, 옥타비아누스와의 갈등 끝에 암살당했다. 로마가 낳은 가장 뛰어난 문장가로서, 그가 남긴 글들은 고전 라틴어의 교본이라 칭해진다. 또한, 그의 글들 속에는 로마 공화주의의 정수가 담겨 있다는 평을 듣기도 한다.

12

헨던,
왕자를 대신해
매를 맞다

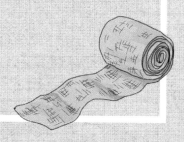

많은 고초를 겪은 왕자에게 그나마 다행스러운 점은 잠자리가 꽤 편안했다는 것이다. 비록 감방이긴 해도 귀족 전용이라 깨끗하고 아늑했으므로, 요 며칠간 잠자리로 삼았던 농가의 허름한 외양간이나 은둔자의 거친 골풀 침대보다는 한결 나았다. 따라서 왕자는 모처럼 숙면을 취할 수 있었고, 아침에 일어났을 때에는 심지어 기분까지 상쾌했다. 그러나 잠에서 깬 왕자의 눈에 가장 먼저 들어온 것은 헨던과 모어의 어두운 얼굴이었다. 왕자는 잠이 확 깼다. 오늘 정오에 벌어질 끔찍한 일이 생각났기 때문이었다.

강철 같은 마일즈 헨던도 채찍으로 맞을 생각을 하니 긴장되는 모양이었다. 말과 행동은 평소와 다름없었지만, 얼굴에 핏기가 없었다. 모어 또한 침통한 표정으로 침묵을 지키고 있었다. 왕자는 금세 눈물이 솟았다. 왕자가 울먹이는 목소리로 물었다.

"시간이 얼마나 남았지?"

헨던이 일부러 쾌활한 목소리로 답했다.

"뭐, 이제 얼마 안 남았을 겁니다. 해가 중천을 향해 가니까요."

그 말에 왕자는 더 참지 못하고 흐느껴 울기 시작했다. 아직 마음 약한 어린아이였던 것이다. 모어는 차마 못 보겠는지 묵묵히 허공만 바라봤다. 헨던이 왕자의 등을 쓸며 달랬다.

"왕자님, 저는 포로 시절에 많이 맞아 봐서 괜찮습니다. 까짓 채찍 열 대쯤 별것 아닙니다."

그 말에 왕자가 눈물을 닦으며 놀란 듯 물었다.

"많이 맞아 봤다니, 그건 또 무슨 말인가?"

그러자 헨던이 쓴웃음을 지으며 웃통을 벗었다. 그리고 넓은 등판을 왕자에게 보여 줬다. 멀쩡한 곳이 별로 없을 정도로 흉터가 많았다. 그는 왕자를 안심시키려고 일부러 의기양양하게 말했다.

"보셨죠? 저는 매 맞는 거라면 이골이 난 몸입니다. 걱정 마세요."

그러나 그 배려는 오히려 역효과를 냈다. 왕자는 소스라치게 놀라더니 아예 목을 놓아 통곡하기에 이르렀다.

"아, 헨던, 얼마나 아팠을까? 아, 이미 이토록 많은 고생을 한 그대가 나로 인하여 또 고초를 겪게 되었단 말인가! 오, 신이시여, 어찌 나에게 이토록 모진 시련을 주시는가!"

그러자 헨던은 자기도 모르게 왕자를 꼭 껴안았다. 그리고 아무 말 없이 함께 눈물을 흘렸다. 그러나 헨던의 눈물은 행복감에서 비롯된 것이었다. 여태껏 그 누구도 왕자처럼 진심으로 그를 위해 눈물을

헨던, 왕자를 대신해 매를 맞다

흘린 일이 없었던 것이다. 헨던은 어느 때보다 왕자가 사랑스럽게 느껴졌으며, 그 대신 매를 맞을 수 있다는 사실이 오히려 기쁘기까지 했다. 두 사람의 눈물은 좀처럼 멎지 않았다. 한 사람은 미안해서 울고, 또 한 사람은 행복해서 울었다.

어느덧 간수들이 찾아왔다. 시간이 된 것이다. 그들은 헨던과 왕자를 데리고 감방을 나섰다. 모어도 새끼 돼지를 챙겨 묵묵히 그 뒤를 따랐다. 모어가 헨던에게 다가가 조용히 물었다.

"그대는 저 소년이 정말 왕자라고 믿는가?"

헨던이 차분한 목소리로 답했다.

"모르겠습니다. 하지만 이제 그런 건 중요하지 않습니다."

그 말에 모어가 고개를 크게 끄덕이며 말했다.

"옳은 말일세. 중요하지 않지. 자네가 저 소년이 왕자라고 믿는다면, 매우 충직한 신하일세. 하지만 믿지 않는다면, 자네는 정말 위대한 인간일세."

처형장은 감옥에서 멀리 떨어지지 않은 곳에 있었다. 그것은 무척 다행스러운 일이었다. 대중에게 오늘날처럼 오락거리가 없던 당시로서는 끌려가는 죄수를 조롱하는 것이 큰 오락이었기 때문이다. 그리고 헨던은 바로 그 오락거리가 될 다섯 죄수 중 하나였다. 비교적 짧은 거리를 가는 동안에도 구경꾼들이 몰려와 욕설을 퍼붓고 달걀이나 돌을 던졌다. 결국 헨던은 이마를 돌멩이에 맞아 피를 흘렸다. 모어와 왕자의 마음은 찢어질 듯 했지만, 그들이 할 수 있는 건 없었다.

이윽고 처형장에 도착했다. 그곳에는 법관 한 명과, 집행인 두 명, 그리고 스무 명 정도의 병사들이 있었다. 헨던의 차례는 세 번째였다. 처형장에는 더 많은 구경꾼들이 모여 있었으며 더 큰 야유와 조롱이 들려왔다. 왕자는 그 분위기에 압도되어 사시나무 떨 듯 떨었다. 당연한 일이었다. 처형장의 분위기는 도저히 열 살 소년이 감당할 수 있는 것이 아니었다. 용감한 헨던조차 눈이 붉게 충혈되고 심장이 큰 소리를 내며 뛰었으니 말이다.

정말로 뜻밖인 것은 모어였다. 처형장에 도착한 후 그의 모습은 평소와는 전혀 달랐다. 그는 몹시 안절부절못했고, 가뜩이나 창백하던 얼굴은 아예 완전히 새하얗게 질려 버렸다. 반쯤 넋이 나가 있던 왕자가 눈치챌 정도로 그의 기색은 매우 나빴다. 왕자가 다급하게 그를 불렀다.

"경, 경, 정신 차리시오!"

그 부름에 모어가 왕자를 내려다보며 황망히 답했다.

"네, 네, 전하."

"왜 그러시오? 왜 그토록 긴장하는 거요?"

모어는 쉽게 답하지 못했다. 왕자가 다시 물었다.

"무슨 일이오? 그대는 법관 출신이라 이런 처형장이 익숙하지 않소?"

모어가 억지로 평정심을 되찾으며 답했다.

"물론입니다. 많이 와 봤죠. 그런데 워낙 오래전 일이라……."

말꼬리를 흐리던 모어는 혼잣말하듯 작은 소리로 덧붙였다.

"태형뿐 아니라, 사형을 집행할 때도 와 봤습니다. 유명 인사나 고관대작을 처형할 때에는 이와 비교도 안 될 정도로 인파가 몰려듭니다."

그러고는 옛 생각에 잠긴 듯 지그시 두 눈을 감았다. 왕자가 뭔가 떠오른 듯 긴장한 목소리로 물었다.

"그럼……. 토머스 모어 경이 처형당했을 때도 이곳에 있었소?"

그 질문에 모어는 답하지 못하고 마른침만 삼켰다. 왕자는 자기 어깨를 감싸고 있던 모어의 손이 가늘게 떨리는 것을 느꼈다. 왕자는 괜한 것을 물었다 싶어 후회하며 모어의 손을 꼭 잡아 주었다. 모어는 의미를 알아차리기 힘든 눈빛으로 한동안 왕자를 지그시 바라보다가 이윽고 평소의 침착한 목소리로 답했다.

"물론입니다."

손의 가는 떨림도 어느덧 멈추었다. 왕자는 가만히 고개를 끄덕일 뿐 아무 말도 할 수 없었다.

그러는 사이 처형의 집행이 시작되었다. 우선 법관이 죄수의 죄목과 처벌을 큰 소리로 읽었다. 첫 번째 죄수는 이웃의 달걀을 훔친 죄로 스무 대를 맞게 되었다. 집행인들이 그의 웃통을 벗기고 형틀에 묶은 후 채찍으로 단 한 대의 에누리 없이 스무 대를 모두 때렸다. 두 번째 죄수는 술에 취해 난동을 부리고 행인을 폭행한 죄로 서른 대를 맞았다. 그들은 매를 맞을 때 고래고래 비명을 지르며 격렬하게 몸을 뒤틀었다. 죄수들이 악을 쓰고 몸부림칠수록 구경꾼들은 더욱 큰 소리로 웃고 환호했다.

왕자는 거의 미칠 지경이 되었다. 모어가 눈을 가려 준 덕에 맞는 모습은 보지 못했지만, 죄수들의 비명 소리와 구경꾼들의 환호성을 듣자니, 마치 지옥에 온 듯한 기분이었다.

이윽고 헨던의 차례가 되었다. 왕자가 헨던의 얼굴을 바라보니 그새 양쪽 볼이 움푹 패여 있었다. 아무리 담이 큰 사내라지만 채찍질을 앞두고 아무렇지 않을 수는 없는 모양이었다. 왕자의 기분 탓인지 평소보다 수염도 덥수룩해 보였다. 게다가 이마에는 돌에 맞아 흘린 피가 말라 엉겨 붙어 있었다. 때문에 원래 꽤 호남이었던 헨던은 마치 진짜 흉악범처럼 험상궂어 보였다.

법관이 마일즈 헨던의 이름을 부르자 그는 쉰 목소리로 짧게 답했다. 험상궂은 거한이 등장하자 사람들은 틀림없이 흉악범이라 여기고 큰 소리로 욕설을 퍼부었다. 그러나 법관이 그의 죄목과 처벌, 즉 새끼 돼지를 훔친 아들 대신 채찍으로 열 대를 맞게 되었음을 밝히자 처형장은 순식간에 조용해졌다. 약간의 웅성거림은 남았지만,

그 내용은 비난과 욕설이 아니라 딱하다는 탄식이었다. 자식의 죄를 대신 짊어지는 부모의 모습은 언제나 사람들의 심금을 울리는 법이다.

웃통이 벗겨진 헨던이 형틀에 묶일 순서가 되자, 모어는 다시 왕자의 눈을 가리려 했다. 그러나 왕자는 모어의 손을 뿌리치며 울음기 가득한 목소리로 단호하게 말했다.

"헨던이 나를 위해 희생하는 모습을 이 두 눈으로 똑똑히 지켜보겠소!"

그 말에 모어도 하는 수 없이 손을 풀었다. 그런데 집행인들이 헨던을 형틀에 막 묶는 순간, 왕자가 자리를 박차고 뛰어나가며 큰소리로 불렀다.

"헨던! 헨던!"

그를 부르는 왕자의 두 눈에선 눈물이 철철 흘러내리고 있었다. 그리고 형틀로 다가가려 했지만 경관들이 황급히 저지했다. 왕자는 그 이상 한 발도 떼지 못한 채 애타는 목소리로 울부짖었다.

"헨던! 정말 미안하다!"

그러고는 통곡하며 더 말을 잇지 못했다. 그 애절한 흐느낌에 법관과 집행인들마저 잠시 넋을 잃고 지켜봤다. 수많은 구경꾼들은 이미 눈물을 훔치고 있었다. 어떤 사람들은 눈을 감고 가련한 아버지와 아들을 위해 기도를 올렸다.

그때 문득 헨던이 집행인들에게 뭔가 다급하게 얘기했다. 그러자 한 집행인이 법관에게 그 말을 전했다. 이야기를 들은 법관은 잠시 고민하더니 이내 고개를 끄덕였다. 집행인이 돌아와 포승줄을 풀고 헨던을 왕자에게 데려갔다. 헨던은 커다란 두 손으로 눈물범벅이 된 왕자의 얼굴을 닦아 주더니, 환한 미소를 지으며 진짜 아버지처럼 자상한 목소리로 말했다.

"왕자님, 왕은 결코 신하에게 미안하다는 말을 하지 않는 법입니다."

그리고 뒤돌아 형틀을 향해 당당하게 걸어갔다. 그 뒷모습을 하염없이 바라보는 왕자에게 모어가 다가가 양쪽 어깨에 손을 얹었다. 구경꾼들은 슬픈 표정으로 헨던과 왕자를 번갈아 바라보고 있었다. 왕자를 다시 품은 모어는 그냥 조용히 서 있었다. 곁에 있던 노파가 동정심 가득한 표정으로 수건을 꺼내 눈물 콧물로 얼룩진 왕자의 얼굴을 닦아 주었다. 모어는 가만히 고개를 숙여 고마움을 표했다.

이윽고 헨던의 등에 채찍질이 가해지기 시작했다. 처형장은 놀라울 정도로 조용했다. 헨던은 단 한마디의 비명도 지르지 않으며 매를 맞았다. 침묵을 지키기는 구경꾼들도 마찬가지였다. 몇몇 남자들은 핏발 선 눈을 부릅뜬 채 헨던이 맞는 모습을 지켜보았고, 나머지 사람들은 고개를 돌리거나 아예 눈을 감아 버렸다. 콧물 훌쩍이는 소리와 나직한 기도 소리만 간간이 들려왔다. 때문에 채찍 소리는 어느 때보다 선명하게 울려 퍼졌다. 그리고 많은 사람들은 알아차렸다. 채찍 소리가 평소보다 꽤 약하다는 것을. 하지만 이에 불만을 드러내는 사람은 없었다.

태형 집행이 모두 끝나자 죄수들은 석방되었다. 가족 친지들이 그들을 데리고 각자의 안식처로 떠났다. 구경꾼들도 흩어졌다. 왕자와 모어도 헨던에게 다가갔다. 헨던은 되도록 신음을 내지 않으려 했지만, 어쩔 수 없이 끙끙 앓는 소리가 나왔다. 왕자의 가슴은 미어지는 듯했다. 모어는 헨던을 적당한 데 앉혀서 쉬게 했다. 왕자는 헨던에게 미안한 마음을 표하고 싶었으나, 그저 속절없이 눈물만 흘렸다. 헨던을 딱하게 여긴 집행인이 손에 사정을 둔 덕에 다행히 치명상은 입지 않았지만, 찢어진 살갗에서 자꾸 피가 흘러내려 웃옷을 걸칠 수가 없었다. 모어는 헨던을 의사에게 데려가야겠다고 생각했으나, 어디로 가야 할지 막막했다.

　그때, 아담한 체구에 머리가 약간 벗어지고 수염이 희끗희끗한, 동그란 얼굴에 작은 돋보기안경을 걸친 남자가 일행에게 다가왔다.

　"실례합니다. 상처는 좀 어떠시오?"

　아파서 입도 못 여는 헨던과 우느라 정신이 없는 왕자를 대신해 모어가 답했다.

　"큰 상처는 없는 것 같은데, 몸을 잘 가누지 못합니다."

그러자 그 남자는 혀를 끌끌 찼다.

"당연히 그렇겠죠. 채찍으로 열 대나 맞았으니……. 저는 의사입니다. 제가 상처를 좀 봐도 될까요?"

모어가 얼른 답했다.

"오, 물론입니다. 하늘이 도우셨군요. 마침 의사를 찾아가려던 참이었습니다."

의사는 찬찬히 상처들을 살펴더니 말했다.

"말씀대로 큰 상처는 없군요. 약을 바르고 며칠 푹 쉬면 나을 겁니다. 게다가 워낙 건강한 사람이라 금방 낫겠군요."

그 말에 모어는 의사에게 고개 숙여 고마움을 표했고, 왕자는 헨던의 손을 덥석 잡으며 여전히 눈물 젖은 목소리로 말했다.

"다행이오, 헨던. 정말 다행이오."

그러나 모어는 의사에게 근심스런 목소리로 말했다.

"그런데 치료비는 얼마나 들까요? 마침 제가 돈이 다 떨어졌습니다만……."

그러자 의사는 빙긋 웃으며 말했다.

"걱정 마십시오. 그냥 치료해 드리겠습니다. 자식 대신 매를 맞은 부모를 치료하며 돈을 받고 싶진 않군요."

모어는 의사에게 진심으로 고마움을 표했다.

"정말 의로운 분이군요. 뭐라 감사 말씀을 드려야 옳을지 모르겠

헨던,
왕자를 대신해
매를 맞다

12

습니다. 신께서 선생님을 축복하실 겁니다."

그리고 품고 있던 새끼 돼지를 꺼내 보였다.

"사실 이 돼지를 훔쳤다는 누명을 썼지요."

의사가 눈을 동그랗게 뜨며 말했다.

"아, 이게 그 돼진가요? 그런데 누명을 썼다면서 어떻게 선생 손에……."

모어가 씁쓸하게 웃으며 말했다.

"사정이 좀 복잡합니다. 아무튼 이 돼지 주인이 법정에서 선처를 호소해 준 덕에 그나마 처벌을 약하게 받았죠. 그래서 제가 감사의 뜻으로 후한 값에 샀습니다."

흥미로운 표정으로 듣는 의사에게 모어가 돼지를 넘기며 말했다.

"이 녀석을 사는 데 남은 돈을 다 썼습니다. 그래서 치료비 대신 이 돼지를 드리고 싶습니다."

의사는 화들짝 놀라며 극구 사양했으나, 모어가 억지로 떠넘기다시피 하자 마지못해 건네받았다. 왕자는 약간 서운한 얼굴로 의사 품에 안긴 새끼 돼지를 쓰다듬으며 말했다.

"돼지야, 이 의사는 좋은 사람 같으니, 앞으로도 잘 지낼 수 있을 거다."

의사는 일행을 데리고 자기 집으로 향했다. 헨던은 모어와 의사의 부축을 받아 간신히 걸음을 옮겼다. 다행히 집은 가까운 곳에 있었다. 작지도 크지도 않은 이층집이었다. 실내는 많이 넓지는 않았지만, 가구들이 깔끔하게 정리되어 있었으며, 무엇보다 매우 아늑했다. 한쪽 구석에는 벽난로가 있었다. 의사는 벽난로에 불을 지피고 치료에 쓸 물을 데웠다. 그러자 아내와 딸이 나와 거들었다. 그녀들은 낯선 이들이, 그것도 누더기 걸친 소년과 피범벅이 된 사내가 들이닥치자 적잖이 놀랐다. 그러나 자초지종을 듣자 몹시 동정적이 되었다. 역시 그 의사의 아내와 딸답게 선하고 정 많은 사람들이었다.

물을 끓이고, 고약, 수건, 붕대 같은 것들을 준비하던 중 의사의 딸이 왕자를 보고 말했다.

"이 아이도 좀 씻겨야겠어요. 잘생긴 아이인데, 때가 너무 많이 탔고 옷도 지저분하네요."

준비가 끝나자, 의사와 아내는 헨던을 치료하고 붕대를 감아 줬다. 그동안 딸은 왕자를 깨끗이 씻긴 후 이웃집에서 꽤 깔끔한 헌옷을 한 벌 구해 와 입혀 주었다. 비록 헌옷이지만 누더기에 비할 바는 아니었다. 깨끗이 씻고 깔끔한 옷으로 갈아입으니 왕자의 잘생긴 얼굴에선 빛이 나다시피 했다. 늘 더러운 얼굴만 봤던 헨던도 새삼 놀랐고, 아내와 딸은 아예 탄성을 질렀다.

"어머, 세상에! 이렇게 잘생긴 아이는 처음 보네! 마치 왕자님 같아!"

왕자는 자신이 진짜 왕자라는 말이 목구멍까지 올라왔지만 꾹 참고 그저 고맙다고만 했다. 헨던도 따뜻한 물수건으로 얼굴의 핏자국과 먼지를 닦아 내니 평소의 늠름하고 멋진 모습을 되찾았다. 의사가 감탄하며 모어에게 말했다.

"선생을 처음 뵈었을 때 참 기품 있는 분이라 생각했는데, 지금 보니 아들과 손자도 그렇군요."

그러고는 모어를 뚫어지게 바라봤다. 아무래도 왕자 일행의 정체가 궁금한 모양이었다. 모어가 적당히 둘러댔다.

"저는 아주 옛날에 잠시 법관을 지냈습니다. 아들은 군인인데 4년 동안 전쟁터에 나갔다가 이제 막 귀국했습니다."

의사가 조용히 말을 받았다.

"4년이라……. 스코틀랜드, 프랑스와 싸웠던 전쟁이었나 보군요."

의사의 아내도 놀랍다는 듯 끼어들었다.

"어머나, 4년이나요? 아니 그럼 아이 어머니는요?"

아내의 갑작스런 질문에 모어도 당황해서 얼른 답을 못하는데, 왕자가 슬픈 목소리로 말했다.

"내 어머니는 나를 낳자마자 돌아가셨소."

그러더니 정말로 어머니 제인 시무어 왕비 생각이 났는지, 고개를 숙인 채 눈물을 뚝뚝 떨구는 것이었다. 그 모습이 너무 가여워 아내와 딸은 함께 눈물을 흘리며 어찌할 바를 몰라 했다. 마침내 그녀들은 왕자 일행에게 저녁이라도 들고 가라고 권하기에 이르렀다. 한 동안 고생만 하다 갑자기 큰 호의를 받게 된 일행은 오히려 얼떨떨해 졌다. 그래서 잠시 머뭇거리는데, 의사까지 거들고 나서며 되레 하룻 밤 자고 가라고까지 했다. 헨던이 아무리 건강한 체질이라 해도 하룻 밤은 푹 쉬어야 한다는 것이었다.

왕자는 솔직히 런던에 들어온 김에 한시라도 빨리 궁전으로 돌 아가고픈 마음이 굴뚝같았다. 그러나 도저히 헨던을 외면할 수는 없 었다. 게다가 창밖을 보니 하늘은 이미 어둑어둑해져 있었다. 왕자는 모어를 쳐다보며 가만히 고개를 끄덕였다. 모어가 의사에게 정중히 말했다.

"정 그렇게 호의를 베푸시니, 감사히 받아들이도록 하겠습니다."

헨던은 긴 의자에 엎드린 채 휴식을 취했다. 등의 상처 때문에 누울 수도 없었다. 왕자는 그 머리맡에 안타까운 표정으로 앉아 있었다. 모어와 의사는 벽난로 앞에 앉아 이야기를 나눴다. 모어가 의사에게 말했다.

"그러고 보니, 제가 은인의 성함도 묻지 않는 결례를 범했군요."

의사가 웃으며 말했다.

"괜찮습니다. 제 이름은 새뮤얼 랭혼[34]입니다. 선생님 성함은 어떻게 되시죠?"

모어는 짧게 답했다.

"저는 토머스입니다."

의사 랭혼이 말했다.

"아까 처형장에서 듣기로 청년 이름이 마일즈 헨던이었죠? 아이 이름은 뭔가요?"

랭혼의 물음에 모어는 왕자 쪽을 돌아봤다. 왕자는 헨던의 한쪽 어깨에 기댄 채 어느새 새근새근 잠들어 있었다. 너무 많이 울어서 피곤한 모양이었다. 헨던도 코를 골며 자고 있었다. 모어는 복잡한 표정으로 왕자를 바라보며 답했다.

"아이의 이름은……. 에드워드입니다."

그러자 랭혼이 웃으며 말했다.

"에드워드요? 하하, 내일 웨스트민스터 사원에서 대관식을 치를 왕자 전하의 이름과 같군요."

그 말에 모어가 눈을 빛내며 물었다.

"내일요? 내일이 대관식인가요?"

"네. 내일 정오예요. 축복받은 날이죠."

잠시 침묵을 지키던 모어가 말했다.

"그렇군요. 선생께서도 구경하러 가십니까?"

랭혼이 고개를 저으며 말했다.

"아닙니다. 그런 구경은 저 같은 늙은이에겐 너무 힘든 일이죠.

그냥 집에서 새 왕을 축복할 생각입니다."

그리고 모어에게 물었다.

"선생은 가실 생각인가요?"

그 말에 모어는 잠든 왕자를 다시 바라보며 단호하게 말했다.

"네. 저희는 꼭 가야 합니다."

[34] 《왕자와 거지》의 작가 마크 트웨인의 본명은 새뮤얼 랭혼 클레멘스다.

13

모어,
법률에 관해
논하다

저녁 식사가 준비되자 랭혼의 딸이 왕자와 헨던을 깨웠다. 유복한 집 안이라 그런지 성찬이 차려져 있었다. 왕자는 실로 오랜만에 풍족한 식사를 했다. 식사를 마친 일행은 2층 손님방으로 안내되었다. 정갈하게 정돈된 방에는 침대, 탁자, 작은 의자가 하나씩 있었다. 랭혼 부인이 모포와 담요를 넉넉하게 가져다주었다. 모어는 환자인 헨던에게 침대를 쓰게 한 후, 모포와 담요를 깔고 왕자와 함께 누웠다. 그러나 저녁 먹기 전에 곤히 잤던 탓에 왕자는 좀처럼 잠이 오지 않았다. 그래서 자꾸 뒤척였다. 그 기색을 눈치챈 모어가 물었다.

"전하, 어디 불편하십니까?"

왕자가 담담한 목소리로 답했다.

"아니, 매우 편안하오."

"그런데 왜 잠을 이루지 못하시나요?"

헨던이 끼어들며 물었다. 그도 아직 잠들지 않은 모양이었다. 왕자가 몸을 일으키며 심각하게 말했다.

"실은 몹시 신경 쓰이는 일이 있소."

그 말에 모어도 몸을 일으켜 앉았다. 모어가 물었다.

"무엇이 그리 신경 쓰이십니까, 전하?"

다시 한동안 말없이 생각에 잠겨 있던 왕자가 천천히 입을 열었다.

"오늘 헨던이 채찍으로 열 대를 맞았소."

새삼스러운 말에 모어와 헨던은 가만히 다음 말을 기다렸다.

"원래는 스무 대를 맞을 뻔했지."

새삼스러운 이야기가 계속되자 헨던도 몸을 반쯤 일으키며 약간 어이없다는 듯 웃으며 말했다.

"네, 그랬죠. 그게 법이니까요."

그러나 왕자는 여전히 심각하게 모어를 똑바로 바라보며 말했다.

"그런데 그 죄목은 고작 새끼 돼지 한 마리를 훔친 거였소. 너무 가혹하지 않소? 그것이 정말 옳은 일이오? 그것이 과연 옳은 법이며, 정의로운 법 집행이오?"

생각지 못한 어려운 질문에 모어도 쉽게 답할 수 없었다. 왕자가 다시 물었다.

"히슬로드 경, 그대도 법관이었을 때 그런 판결을 내렸소?"

처형 장면을 처음 지켜본 왕자는 큰 충격을 받은 듯했다. 여태까지는 헨던을 걱정하느라 잊고 있었지만, 막상 자리에 누우니 그 충격이 되살아난 모양이었다.

13

모어, 법률에 관해 논하다

모어는 담담하게 답했다.

"물론입니다, 전하."

그리고 잠시 끊었다가 덧붙였다.

"법관은 법대로 판결할 뿐입니다. 법을 만드는 것은 의회와 국왕의 몫입니다."

왕자는 말이 없었다. 모어가 이야기를 계속했다.

"어제의 판사처럼 법률 안에서 약간 융통성을 발휘할 수는 있지만 법률을 아예 무시할 수는 없습니다. 쉽게 말해, 매의 대수를 낮춰 줄 수는 있지만 매를 안 때릴 수는 없는 것이지요."

그러나 왕자는 여전히 시무룩한 얼굴로 말이 없었다. 헨던은 희미하게 미소 지으며 왕자의 손을 잡았다. 엄밀히 따지면 이것도 불경스러운 일이었으나, 그들의 우정은 이미 그런 것 따위는 초월한 지오래였다. 그들을 바라보며 모어가 물었다.

"전하, 혹시 현재의 법률이 너무 가혹하다고 생각하십니까?"

그러자 왕자는 비로소 천천히 입을 열었다.

"내 감히 조부와 부친께서 제정하신 법률에 왈가왈부할 수는 없겠지. 그러나 오늘은 형벌이 너무 과하다는 생각이 들었소."

모어가 다시 물었다.

"그럼 다른 죄수들이 맞을 때는 어떠셨습니까? 진짜 죄인들이 맞을 때는 통쾌하셨나요?"

그 말에 정곡을 찔린 듯 왕자는 눈을 크게 뜨더니, 솔직히 말했다.

"아니오. 그때도 마음이 불편했소."

그러자 모어는 한동안 생각에 잠겼다가 문득 옛 추억을 떠올리며 말했다.

"과거에 제가 신임 법관이었을 적에는 단 하루 동안 전국에서 스무 명의 절도범이 교수형에 처해진 일도 있었습니다."

그 무서운 말에 왕자가 깜짝 놀란 표정으로 쳐다보자, 모어는 멋쩍게 웃으며 덧붙였다.

"요즘은 그런 일까지는 없죠."

왕자가 진심으로 말했다.

"다행이군."

헨던이 물었다.

"요즘엔 그래도 그때보다는 법이 완화되었나 보죠?"

모어는 지그시 두 눈을 감으며 짧게 답했다.

"그런 면이 있지."

그러고는 잠시 생각에 잠기더니, 문득 눈을 뜨고 헨던을 바라보며 덧붙였다.

"또 다른 면도 있고."

그러자 이번엔 왕자가 다시 물었다.

"다른 면? 그건 무엇이오?"

13

모어, 법률에 관해 논하다

헨던도 잔뜩 궁금한 표정으로 모어를 바라봤다. 그러나 모어는 다시 눈을 감고 한참 뜸을 들인 후에야 천천히 이야기를 시작했다.

"전하, 하루에 스무 명씩 교수형에 처하던 때는 헨리 8세께서 즉위한 직후였습니다. 비록 헨리 7세께서 현명한 통치를 하셨음에도, 두 차례 큰 전쟁[35]의 후유증이 채 가라앉지 않은 상황이었습니다. 농촌에는 황폐한 땅이 많았고, 도시도 번성하지 못했습니다. 귀족들의 갈등도 채 풀리지 않아 정치적으로도 불안정했습니다. 또한, 헨리 7세께서 왕권 강화를 위해 세금을 많이 올리셨는데, 그로 인해 지방에서 큰 반란이 일어나기도 했습니다.[36]"

문득 그는 지금 얘기가 왕자에게 좀 어렵겠다는 생각이 들어 간단하게 마무리했다.

"한마디로, 지금에 비해 백성들이 살기가 훨씬 어려웠다는 말입니다."

그러나 왕자는 그의 말을 충분히 이해하지 못한 표정이었다. 그래서 그는 다시 설명했다.

"쉽게 말해, 백성들이 범죄를 저지르는 문제는 형벌의 엄격함이 아니라 그들의 살림살이가 어떤가에 달렸다는 뜻입니다."

그러자 왕자는 비로소 이해가 된 듯 고개를 끄덕였다. 그러나 아직 애매한 부분이 남은 것 같았다.

"그러니까 그대의 말은 형벌이 굳이 가혹할 필요가 없다는 말이오?"

그러자 모어가 간단하게 답했다.

"아닙니다."

뜻밖의 대답에 왕자는 물론 헨던도 놀랐다. 헨던이 눈을 휘둥그레 뜨며 물었다.

"아니, 그럼 형벌이 가혹해야 한단 말씀이세요?"

모어가 빙긋 웃으며 답했다.

"그건 절대로 아니지."

왕자가 황당한 듯 물었다.

"그대가 하고 싶은 말이 뭐요?"

그러자 모어가 얼굴에서 웃음기를 거두고 진지하게 말했다.

"형벌은 가혹할 필요가 없다는 말은 반만 맞는 말입니다. 형벌은 절대로 가혹해서는 안 된다는 말이 완전히 옳은 말입니다."

모어가 선언하듯 말하자, 왕자와 헨던은 가만히 그 말을 곱씹어 봤다.

모어가 왕자에게 물었다.

"전하께선 '숨뭄 이우스, 숨마 이니우리아(summum ius, summa iniuria)' 라는 말을 아십니까?"

기습적인 질문에 당황한 왕자는 한참 고민한 끝에 답했다.

"라틴어군. 뭔가는 많고 뭔가는 적다는 것 같은데, 그게 뭔지는 잘 모르겠소."

그러자 모어는 껄껄 웃으며 말했다.

"전하의 연령에 그 정도면 매우 훌륭합니다. 정말 총명하시군요."

갑자기 칭찬을 받은 왕자는 수줍게 웃었다. 모어는 왕자를 대견한 듯 바라보며 말했다.

"로마의 유명한 정치가 키케로가 남긴 격언입니다. 법이 많을수록 정의는 적어진다는 뜻이죠. 뛰어난 법률가였던 키케로는 법률의 맹점을 꿰뚫어 봤습니다. 법률은 분명 정의를 수호하기 위해 존재하지만, 지나치면 오히려 정의를 침해합니다. 극단적인 정의는 극단적인 불의와 같습니다."

그러자 멍한 표정의 왕자가 솔직히 말했다.

"너무 어렵소."

모어는 쓴웃음을 지으며 어떻게 해야 더 쉽게 설명할 수 있을지 고민했다. 그리고 잠시 후 다시 입을 열었다.

"전하, 이 나라를 학교라고 생각해 보시죠. 어느 학교에나 선생 말을 안 듣고 말썽만 부리는 학생들이 있게 마련입니다. 그런데 교사가 그런 학생들을 무조건 체벌하기만 한다면 과연 좋은 교사라 할 수 있겠습니까?"

왕자가 얼른 답했다.

"글쎄, 그럴 순 없을 것 같은데."

모어가 얼른 다시 물었다.

"왜죠?"

"때리는 것 말고도 다른 방법이 있지 않겠소?"

그러자 모어가 무릎을 탁 치며 말했다.

"옳습니다. 말썽 부린 학생들이라 해도 다 똑같지는 않습니다. 정말로 나쁜 녀석도 있겠지만, 실수나 착각을 함으로써 본의 아니게 말썽을 부린 학생도 얼마든지 있을 수 있죠. 그런데 말썽 부린 학생들을 무조건 나쁜 놈들로 단정 짓고 체벌을 가해서야 되겠습니까? 때려야 말을 듣는 학생도 있지만, 타이르는 것으로 족한 학생도 있습니다. 그런데 무작정 때리기만 한다면, 말썽 부린 학생보다 매를 때린 선생의 잘못이 더 큰 겁니다. 때리지 않고도 교화시킬 가능성을 애초에 포기했기 때문입니다."

왕자는 천천히 고개를 끄덕였다. 모어의 이야기는 계속되었다.

"법률도 마찬가지입니다. 법률이 가혹하면 형벌이 잔인해집니다. 그리고 잔인한 형벌을 가하는 것은 무작정 학생을 때리는 것과 같습니다. 큰 형벌을 받은 백성은 전과자로 낙인 찍혀, 장차 더욱 큰 범죄를 저지를 수 있습니다. 결국 교화시킬 수 있는 백성들마저 범죄자로 키우는 것이죠. 가혹한 법률은 범죄자를 양성할 뿐입니다."

그러자 헨던이 고개를 갸웃하며 말했다.

"지금 말씀은 조금 이해하기 힘들군요. 처벌이 무거워야 겁을 먹고 범죄를 저지르지 않지, 만약 처벌이 가볍다면 만만하게 여겨 더 쉽게 저지르지 않겠습니까?"

모어가 고개를 끄덕이더니 말했다.

"물론 그런 면도 있겠지. 하지만 다른 측면도 있다네. 이런 예를 들어서 미안하지만, 자네가 말 도둑이라고 치세. 자네도 알다시피 지금은 새끼 돼지 한 마리를 훔쳐도 교수형을 당할 수 있는 세상일세. 그렇다면 자네는 말을 훔칠 때 말만 훔쳐서 달아나겠는가, 아니면 말 주인을 죽이겠는가?"

너무 뜻밖의 질문에 헨던의 큰 눈이 더욱 커졌다. 잠시 생각하더니, 그는 약간 떨리는 목소리로 답했다.

"말 주인을 죽일 것 같습니다."

그 무서운 대답에 놀란 왕자가 큰 소리로 물었다.

"왜지? 헨던, 왜 자네답지 않게 그토록 끔찍한 소리를 하는가?"

그러자 모어가 대신 답했다.

"전하도 아시다시피, 살인죄는 사형으로 다스립니다. 그런데 고작 새끼 돼지를 훔쳐도 사형인데, 말을 훔치면 당연히 사형일 겁니다. 결국 말만 훔치거나 주인까지 죽이거나 결과는 같은 셈입니다. 사형을 당하는 것이죠. 그렇다면 도둑 입장에서는 오로지 붙잡히지 않을 생각만 하지 않겠습니까? 따라서 말 주인을 죽여 없앰으로써 붙잡힐 가능성을 최소화하는 것이 가장 안전한 선택이겠죠."

왕자는 괴로운 신음을 흘리며 무겁게 고개를 끄덕였다. 모어는 덧붙여서 말했다.

"결국 가혹한 법률과 지나친 형벌이 시시한 말 도둑을 무서운 살인자로 키우는 겁니다. 때문에 가혹한 벌률은 정의에 위배될 뿐 공익에 기여하는 바가 전혀 없습니다."

잠시 침묵이 흘렀다. 헨던이 다시 입을 열었다.

"히슬로드 님의 말씀은 분명 일리가 있습니다. 그러나 아무래도 형벌이 너무 약하면 범죄자들이 늘어나는 걸 막기 힘들 텐데요."

평소 너그러운 헨던이지만, 법률과 형벌 문제에서는 완고한 면이 있었다. 군인 출신이라 그런지 질서의 수호를 매우 중시하는 모양이었다. 모어는 헨던의 정의로운 성품에 미소 지으며 말했다.

"아까 예로 들었던 말썽 부리는 학생들을 떠올려 보게. 진짜 나쁜 놈들도 있지만, 그렇지 않은 경우도 있다고 했지. 말 도둑 같은 절도범들도 마찬가지일세. 간단하게 생각해 보게나. 부유한 자와 가난한 자 중에서 누가 도둑이 될 가능성이 큰가?"

헨던이 답했다.

"물론 가난한 사람이겠죠. 그러나 가난한 사람도 열심히 살면 부유해질 수 있습니다. 성실하게 노력하지 않고 도둑질처럼 악하고 손쉬운 방법을 택하면 안 되지 않습니까?"

이 말에 모어가 짐짓 심각한 표정으로 헨던에게 되물었다.

"가난한 사람도 노력하면 부자가 된다고 대체 누가 그러던가?"

갑자기 허를 찔린 헨던이 말을 더듬었다.

"네? 그, 그건……. 그거야 당연한 일 아닙니까?"

모어가 천천히 고개를 저으며 말했다.

"전혀 당연하지 않다네."

그리고 잠시 생각에 잠겼다가 말을 이었다.

"다시 예를 들어 보겠네. 헨던, 자네는 전쟁터에 꽤 오래 있었지?"

새삼스러운 질문에 헨던은 약간 얼떨떨했다.

"네, 뭐. 2년이면 짧은 시간은 아니죠."

그러나 모어는 진지했다.

"그동안 전우들이 죽는 것도 봤겠군."

헨던의 목소리가 갑작스레 젖어 들었다.

"물론입니다. 아직도 그들의 얼굴이 눈에 선하군요."

모어가 말했다.

"그렇다면 큰 부상을 입고 제대한 친구들도 있겠군. 상이용사들 말일세."

헨던이 당연하다는 듯 답했다.

"그럼요."

그러자 모어가 천연덕스럽게 물었다.

"그들은 지금쯤 뭘 하고 있을까?"

그 말에 헨던은 낯빛이 어두워지며 말을 잃었다. 모어가 다시 물었다.

"절도범이 된 사람은 없을까?"

헨던은 괴로운 표정으로 고개를 숙이며 머리를 감싸 쥐었다. 한동안 침묵이 흘렀다. 이윽고 모어가 한숨을 내쉬며 다시 입을 열었다.

"그들은 농사일은 물론 막일도 하기 힘들 것이네. 장애인에 대한 사람들의 막연한 편견 때문에 장사도 하기 힘들 테고. 그렇다고 가만히 앉아 굶어 죽을 날만 기다릴 수도 없지 않은가? 그럼 그들이 무엇을 할 수 있겠나?"

헨던은 흐느끼기 시작했다. 전쟁터에서 적의 총칼에 쓰러진 전우와 팔다리를 절단한 후 쓸쓸히 떠난 전우들의 얼굴이 머릿속에 스쳐 지나갔다. 그 모습이 하도 슬퍼 보여 위로하기도 힘들었다. 꽤 시간이 흐른 후 비로소 그의 흐느낌이 멎자, 왕자가 떨리는 목소리로 말했다.

"그렇다면 경의 말은, 국가와 국왕을 위해 한 몸 바친 저 충직한 백성들이 먹고살 길이 없는 나머지 마침내 도둑질을 하게 된다는 것이오?"

모어가 답했다.

"네. 좀 덧붙이자면, 먹고살 길이 없어 도둑질을 하다 마침내 사형을 당한다는 말입니다."

다시 침묵이 흐른 후, 왕자가 침통한 목소리로 물었다.

"그럼 장차 어찌하면 좋겠소?"

모어가 담담하게 말했다.

"두 가지 해결책이 있습니다."

"그게 무엇이오?"

"누누이 말씀드렸다시피 현재의 법률은 너무 가혹합니다. 우선 법률을 완화시켜, 상이군인들처럼 마지못해 죄짓는 자들을 구제해야 합니다. 이것이 첫 번째 해결책입니다."

왕자가 고개를 끄덕이며 물었다.

"나머지 하나는 또 무엇이오?"

"그것도 이미 말씀드린 겁니다. 상이군인들처럼 불우한 자들은 국가에서 특별히 보살펴 줘야 합니다. 그리하여 남의 것을 훔칠 정도의 절박함을 없애 주는 것이죠. 이것이 두 번째 해결책이자, 더욱 근본적인 해결책입니다."

깊은 생각에 잠겨 있던 왕자가 사뭇 진지한 표정으로 말했다.

"경의 말대로 일단 형벌을 좀 완화시켜야 할 것 같소."

그러고는 헨던을 그윽한 눈길로 바라보며 말했다.

"오늘 헨던이 맞는 모습을 보며 내 마음이 찢어지듯 아팠소. 그가 죄 없이 맞아서 그럴 거라 생각했지만, 반드시 그것 때문만은 아닌 것 같소. 고작 새끼 돼지 한 마리 훔친 죄로 그처럼 매를 맞거나 교수형을 당한다는 것은 아무리 생각해도 너무 가혹한 일 같소."

그 말에 모어가 몹시 반가운 목소리로 말했다.

"지극히 옳은 말씀이십니다. 저는 어떤 이유로도 인간이 인간에게 위해를 가하는 것에 찬성할 수 없습니다. 기독교인들은 더욱 그래서는 안 됩니다. 하느님께서 살인을 금하셨는데, 우리가 법률을 내세워 처형하는 것이 과연 옳겠습니까? 이것은 이치에 닿지 않습니다. 사형 집행인은 하느님이 금하신 사람 죽이는 일을 하는데, 아무도 그를 살인자라 욕하지 않습니다. 그는 법률에 따라 사람을 죽이기 때문입니다. 한데, 이는 결과적으로 하느님 율법이 인간의 법률에 제약을 받는 셈입니다. 어찌 이를 옳다 할 수 있겠습니까?"

왕자와 헨던은 연신 고개를 끄덕였고, 헨던이 궁금한 바를 물었다.

"그럼 혹시 히슬로드 님이 말씀하시는 형벌의 완화는 사형이나 태형을 줄이는 정도가 아니라 아예 없애는 건가요?"

그 말에 모어는 고개를 끄덕이며 말했다.

"비슷하네. 물론 살인이나 반역처럼 극악무도한 죄들은 사형으로 다스릴 수밖에 없겠지. 그러나 절도 같은 생계형 범죄는 좀 달리 봐야 할 것이네. 태형도 되도록 줄이는 게 좋겠지. 실은 사형과 다를

모어, 법률에 관해 논하다

13

바 없거든. 매를 잘못 맞아 목숨을 잃는 경우가 많으니까.”

그 말에 왕자는 자기도 모르게 몸을 떨었다. 헨던은 다시 모어에게 물었다.

“그러면 절도처럼 비교적 가벼운 범죄를 저지른 자들은 어떻게 처벌해야 합니까?”

“노역형이 있지. 나는 절도처럼 생계를 위한 범죄의 경우 노역형이 적당하다고 보네. 훔친 물건에 따라 일정 기간 사슬에 묶인 채 험한 노동을 하게 만드는 것일세.”

그러자 왕자가 물었다.

“그럼 훔친 물건을 보상하면 어떻게 하오? 처벌받지 않는 것이오?”

“아닙니다. 그래도 일단 절도 행위는 벌해야 합니다. 다만 형량을 줄여 줘야겠죠.”

왕자와 헨던은 고개를 끄덕였고, 모어는 이야기를 계속했다.

“그리하면 범죄자도 가혹한 처벌을 면할 뿐더러 공익에도 보탬이 됩니다. 죄인을 죽이거나 불구로 만들면 국가의 노동력이 감소되겠지만, 노역형에 처하면 보존할 수 있습니다. 더구나 절도범들 중에는 게으른 자들이 분명 있을 텐데, 그들마저 억지로 일을 하게 되니 국익에 더 도움이 됩니다.”

다시 헨던이 물었다.

"만약 게으른 자들을 노역형에 처했는데도 일을 안 하면 어쩝니까?"

모어가 정색하고 당연하다는 듯 답했다.

"그럼 태형에 처해야지. 게으른 놈들은 매가 약이거든."

그 말에 헨던과 왕자는 소리 내어 웃었다. 모어도 따라 웃으며 왕자에게 말했다.

"이제 밤이 깊었습니다. 전하, 슬슬 주무셔야 할 때입니다."

왕자가 천천히 고개를 끄덕이며 말했다.

"알겠소. 그런데……. 참 어렵구료."

"무엇이 말입니까?"

"통치를 한다는 것 말이오. 법률과 형벌만 해도 그렇지 않소? 너무 가벼우면 법을 두려워하지 않을 테고, 너무 무거우면 오히려 양민을 해칠 수도 있다니 말이오."

헨던이 당연하다는 듯 말했다.

"적정선을 찾아야겠지요."

그리고 얼른 말을 덧붙였다.

"물론 그게 쉽지 않겠지만요."

"그렇지."

왕자가 고개를 끄덕였다. 잠시 생각에 잠겨 있던 모어가 말했다.

"전하께서 한 가지 원칙을 확실히 세우신다면, 의외로 크게 어렵지 않을 수도 있습니다.”

왕자가 눈을 동그랗게 뜨고 물었다.

“그 원칙이란 무엇이오?”

모어가 왕자의 두 눈을 바라보며 말했다.

“죄를 처벌하되 사람은 구한다는 것입니다.”

왕자는 그 말을 머릿속에 새기듯 혼잣말로 되뇌었다.

“죄를 처벌하되 사람은 구한다…….”

그리고 눈을 감고 잠시 생각에 잠기더니 조심스레 물었다.

“무슨 말인지는 알겠지만, 내 통치에 어떻게 적용시킬지 너무 막
연하오.”

그러자 모어가 빙그레 웃으며 말했다.

“지금은 당연히 알 수 없지요. 그러나 앞으로 전하께서 중요한 결
정을 내려야 할 때마다 떠올리십시오. 그럼 자연히 알게 될 겁니다.”

왕자는 고개를 끄덕였고, 모어는 깊은 생각에 잠겨 왕자를 바라
봤다. 헨던은 묘한 표정으로 그 둘을 지켜보고 있었다.

한참 후, 모어가 무겁게 입을 열었다.

“전하, 우리는 내일 궁으로 가지 않을 겁니다.”

[35] 백년전쟁(1337~1453)과 장미전쟁(1455~1485)
[36] 1497년의 콘월 반란

14

모어,
돌아갈 일을
논하다

왕자가 화들짝 놀라며 물었다.

"갑자기 무슨 말이오? 궁이 아니면 대체 어딜 간다는 거요?"

모어가 차분하게 답했다.

"웨스트민스터 사원으로 갑니다."

그 말에 왕자는 더 크게 놀랐다. 왕자는 가늘게 떨리는 목소리로
말했다

"웨스트민스터? 웨스트민스터라면, 설마……."

모어가 말했다.

"그렇습니다. 내일 정오에 전하의 대관식이 열립니다."

왕자가 여전히 떨리는 목소리로 말했다.

"그 얘기를 어디서 들었소?"

"아까 집주인 랭혼에게 들었습니다."

왕자가 신음 소리를 내뱉듯 말했다.

"그렇다면 틀림없겠군."

이어서 분한 목소리로 말했다.

"그럼 설마 톰 캔티가 국왕으로 즉위한단 말이오? 그건 절대 안 되오!"

모어가 차분하게 말했다.

"물론 안 되지요."

왕자는 애타는 목소리로 물었다.

"그럼 어찌하면 좋겠소?"

"가짜 왕의 즉위를 막고 모든 것을 바로잡아야죠. 그러기 위해 일단 웨스트민스터 사원으로 가야 합니다. 그리고 그 후에는……."

"그 후에는?"

조바심이 바짝 난 왕자가 보채듯 물었다. 그러나 모어는 흔들림 없이 차분했다.

"펼쳐지는 상황에 따라 적절히 대처하면 될 것입니다."

왕자가 실망스러운 목소리로 물었다.

"그게 다요?"

"네, 그게 답니다."

왕자는 잠시 멍하니 있다가 다시 보채듯 물었다.

"너무 막연하지 않소?"

그런 왕자의 모습이 귀엽게 느껴졌는지 모어는 크게 웃으며 말했다.

"하하하, 전하. 어차피 지금 당장 할 수 있는 건 없습니다. 구체적인 계획은 세울 수 없죠. 그러나 전하는 틀림없이 이 나라의 왕자시며, 곁에는 저와 헨던이 있지 않습니까? 다행히 제가 그리 아둔하지 않고 헨던은 누구보다 용감하니, 저희를 믿고 당당하게 대처하십시오. 그러면 모든 일이 순리대로 풀릴 겁니다."

그러고는 갑자기 헨던을 향해 물었다.

"그렇지 않나, 헨던?"

당황한 헨던은 얼떨결에 대답했다.

"네? 아, 아마 그렇겠죠."

그러나 미적지근한 대답에 실망한 표정의 왕자를 보고 얼른 말을 바꿨다.

"아, 물론이죠! 왕자님, 아무 걱정 마세요!"

그러자 왕자는 비로소 기쁘게 웃으며 말했다.

"알겠소. 요 며칠 힘든 일을 겪을 때마다 그대들은 한 번도 날 실망시키지 않았소. 나는 그대들의 충심과 능력을 믿어 의심치 않소."

그 말에 모어와 헨던이 묵묵히 고개를 숙여 답례했다.

모어가 문득 심각한 표정으로 말했다.

"전하, 아마 오늘이 제가 전하를 모시는 마지막 날일 겁니다. 이제 전하께선 원래의 자리로 돌아가실 테니까요."

느닷없는 이별 이야기에 왕자와 헨던은 당황했다. 그래서 서로 멍하니 마주보고 있었다. 모어는 이야기를 계속했다.

"그러므로 전하께 꼭 드리고픈 말씀이 있습니다."

왕자가 긴장한 목소리로 말했다.

"이야기하시오."

그러자 모어는 새삼스레 목소리를 가다듬어 이야기했다.

"전하, 조금 전 법률과 형벌을 논할 때 제가 마지막으로 했던 말을 기억하십니까?"

"물론이오. 죄를 벌하되 사람은 구하라는 말 아니었소?"

모어가 빙긋 웃으며 말했다.

"그렇습니다, 전하. 그런데 죄를 벌하되 사람을 구한다는 원칙을 세우기에 앞서 전하께서 반드시 갖춰야 할 덕목이 있습니다."

"그게 무엇이오?"

"백성을 사랑하는 왕이 되는 것입니다."

처음 만난 후 그는 왕자에게 어렵고 복잡한 이야기를 많이 들려줬다. 그런데 결론처럼 꺼낸 말이 의외로 평범해서 왕자는 살짝 당황했다. 그러나 모어는 매우 진지했다.

"전하, 선왕께서는 뛰어난 군주셨습니다. 총명함과 과감함을 겸비한 분이셨고, 또한 학식 높은 이들을 곁에 두셨으며, 놀라운 위엄으로 그들을 감복시키셨습니다."

옛 추억이 떠오른 듯 잠시 말을 멈추고 두 눈을 감았던 모어는 다시 눈을 떠 왕자를 바라보며 무거운 목소리로 말했다.

"그러나 선왕께는 한 가지 결정적인 흠이 있었습니다."

왕자는 잔뜩 긴장해서 마른침을 삼켰다.

"그것은 백성을 사랑하는 마음이 부족했다는 것입니다."

불경죄에 해당할 정도로 엄청난 말이었다. 그러나 왕자는 태연히 다음 말을 기다렸다.

"선왕께서는 이기적인 분이었습니다. 때문에 왕실의 권위는 높아졌지만, 국가의 위상은 오르지 못했으며 백성의 생활은 여전히 열악했습니다. 국왕에게 백성을 사랑하는 마음이 있다면 왕실의 권위, 국가의 위상, 백성의 생활이 함께 향상됩니다. 그러나 선왕의 통치는 전혀 그렇지 못했습니다."

왕자는 여전히 말이 없었고, 모어는 가만히 한숨을 쉬며 이야기를 마무리 지었다.

"더는 이야기하지 않겠습니다. 선왕께서 승하하신 마당에 굳이 그 허물을 들출 이유가 있겠습니까? 다만, 저는 전하께서 훌륭한 왕이 되길 바랄 뿐입니다. 전하께선 선왕 못지않은 총명함을 갖추셨으니 백성을 아끼는 마음만 갖는다면 반드시 성군이 되실 겁니다."

왕자가 담담하게 고개를 끄덕였다.

"고맙소."

이어서 왕자는 어느 때보다 진지한 표정으로 엄숙하게 말했다.

"우리가 만난 후로 그대가 들려준 이야기들은 모두 유익한 것들이었소. 내 절대로 잊지 않고, 나의 통치에 근간으로 삼겠소."

모어는 만족스런 미소를 지으며 깊이 고개 숙여 답했다.

"황공하옵니다, 전하."

이어서 왕자는 헨던에게 다가가 말했다.

"헨던, 힘들더라도 잠시 앉아 보게."

등의 상처 때문에 엎드려 있던 헨던은 억지로 몸을 일으켜 침대에 걸터앉았다. 그러자 왕자가 전에 없이 근엄한 목소리로 말했다.

"바닥에 무릎을 꿇고 앉게."

그 목소리에는 놀라운 위엄이 서려 있었다. 헨던은 자기도 모르게 얼른 무릎 꿇었다. 왕자가 모어에게 말했다.

"히슬로드 경, 헨던의 검을 주시오."

모어는 헨던의 장검을 집어 왕자에게 건넸다. 왕자는 칼을 받아들며 헨던에게 물었다.

"헨던, 그대 부친의 작위가 무엇이었지?"

왕자의 위엄에 압도된 헨던이 평소보다 훨씬 공손하게 답했다.

"아주 낮은 귀족이었습니다. 준남작[37]입니다."

왕자가 혼잣말처럼 중얼거렸다.

"준남작이라……. 과연 낮군. 국왕 곁에 있기에는 너무 낮은데."

그러더니 목소리를 가다듬어 더욱 위엄 있게 말했다.

"마일즈 헨던, 그대를 헨던홀의 영주로 임명한다. 동시에 자작의 작위를 내린다. 이제 그대는 헨던 자작이다."

그리고 헨던의 머리와 어깨를 장검으로 가볍게 세 번 내리쳤다. 이어서 도깨비에 홀린 듯한 표정으로 있는 헨던에게 말했다.

"앞으로 그대를 헨던 경이라 부르겠소. 그리고 곧 영지를 되찾아 주겠소."

그리고 헨던에게 장검을 돌려주었다. 그러나 헨던은 멍한 얼굴로 검을 받을 뿐 아무 말이 없었다. 옆에서 모어가 웃으며 말했다.

"헨던 경, 축하합니다. 한꺼번에 작위를 두 등급이나 올리는 파격적인 은혜를 베푸신 전하께 어서 감사 인사를 올리시오."

그러자 헨던은 비로소 왕자에게 고개 숙여 감사를 표했다. 그러나 멍한 표정은 그대로였다. 모어는 헨던을 못 본 척하고 왕자에게 말했다.

"내일을 위해 어서 주무십시오, 전하. 내일은 방랑을 끝내고 새로운 통치를 시작하실 역사적인 날입니다."

그 말에 왕자는 얼른 잠자리에 들었다. 그리고 고단했는지 금세 잠이 들었다. 잠든 왕자의 얼굴은 왕이라기보다는 그냥 천진난만한 아이였다. 모어는 그 얼굴을 보며 장차 이 소년 왕의 앞날에 축복이 있기를 바랐다.

한편, 한동안 멍하니 있던 헨던은 왕자가 깊이 잠들자 조용히 모어를 불렀다.

"히슬로드 님."

모어는 입을 여는 대신 시선을 옮기는 것으로 답했다. 헨던이 말했다.

"이거 정말이지 너무 혼란스럽군요."

모어가 장난스럽게 짐짓 정색하고 말했다.

"무엇이 혼란스럽소, 헨던 경?"

헨던은 쓴웃음을 지었다.

"왜 장난치고 그러세요."

모어도 따라 웃으며 말했다.

"말해 보게, 헨던."

그러자 헨던이 조심스레 말을 꺼냈다.

"히슬로드 님, 설마 했는데, 아무리 그래도 그렇지. 참 이상하단 말야……."

헨던이 횡설수설하자 모어가 중간에 잘랐다.

"대체 무슨 말이 하고 싶은 겐가?"

"아, 네. 그러니까 이 왕자님이, 아니 소년, 아니 왕자……."

참다못한 모어가 헨던에게 물었다.

"이 소년이 정말 왕자가 맞는지 묻는 건가?"

모어가 너무 쉽게 말하자, 헨던은 다소 맥 빠진 얼굴이 되었다.

14

모어, 돌아갈 일을 논하다

"네."

모어는 답하는 대신 헨던에게 되물었다.

"자네는 이 소년이 정말 에드워드 왕자일 수 있다는 생각을 한 번도 안 해 봤나?"

그러자 헨던은 그동안 속에 맺혀 있던 것을 다 털어내려는 듯 빠르게 말했다.

"당연하지 않습니까? 뒷골목에서 부랑자들에게 쫓기는 누더기 걸친 아이가 왕자라면 누가 믿겠습니까? 실성한 아이로 여겼죠. 그런데……."

"그런데?"

"며칠 함께 지내 보니 영 이상하단 말입니다."

모어가 빙긋 웃으며 이야기를 재촉했다.

"뭐가?"

"히슬로드 님과 대화하는 걸 들었을 때부터 이상하긴 했습니다. 너무 똑똑하고 유식했으니까요. 그런데 사람이 지나치게 똑똑하면 실성하는 경우도 있지 않습니까? 저는 그런 줄 알았죠."

그 말에 모어가 파안대소했다.

"하하하! 너무 똑똑해서 실성한 건 줄 알았단 말인가? 정말 기발하군!"

모어가 한참을 더 웃더니 물었다.

"그런데 왜 지금에 와서 다시 정체를 묻는 건가?"

"실성한 아이라기엔 너무 왕자답기 때문입니다. 일단 라틴어를 아는 게 이상하죠. 가난한 집 애가 라틴어를 어떻게 안단 말입니까? 게다가 히슬로드 님과 이야기할 때 정말로 왕자의 입장에서 말한다는 겁니다. 법률과 형법에 관해 논할 때 특히 그랬죠."

그는 숨이 찬지 잠시 멈췄다가, 심각한 목소리로 말을 이었다.

"미친 은둔자의 집에서도 그랬죠. 아무리 실성한 아이라도 그렇지 당장 자기 목숨을 잃을 판에 나라 걱정을 하다니요! 정말 왕자 같았다니까요!"

모어는 말없이 웃으며 고개를 끄덕였다.

"그리고 결정적인 건, 방금 전 저를 자작으로 임명할 때였습니다. 정말 왕자 같았어요. 왕자가 아니라면, 어디서 그런 임명식을 봐서 어떻게 따라 할 수 있겠습니까? 그리고 또 그 위엄은……."

헨던은 또 잠시 말을 끊었다. 모어는 묵묵히 그를 바라보고 있었다.

"도저히 왕자가 아니라고 생각할 수 없는 것이었습니다."

그리고 긴장한 표정으로 모어의 얼굴을 바라봤다. 모어는 잠시 뜸을 들인 후 그를 똑바로 바라보며 말했다.

"당연하지. 진짜 왕자님이니까."

어색한 침묵이 흘렀다. 서로 마주보며 아무 말이 없었다. 한참 뒤 헨던이 떨리는 목소리로 물었다.

"언제부터 알고 계셨습니까?"

모어는 건조한 목소리로 답했다.

"처음부터 알았지."

헨던이 깜짝 놀라며 물었다.

"어떻게 아셨죠?"

모어는 차마 유령이라 알고 있다는 말을 할 수 없어 적당히 둘러댔다.

"전하께서 톰이라는 거지 소년과 옷 바꿔 입는 걸 우연히 봤네."

그러자 헨던은 무릎을 탁 치며 말했다.

"아, 어쩐지……. 그럼 그 후로 전하를 보호하신 건가요?"

"그렇다고 할 수 있지."

"그렇군요."

잠시 생각에 잠겨 있던 헨던이 별안간 따지듯 물었다.

"그럼 왜 제게는 말씀을 안 해 주셨습니까?"

모어는 어처구니없다는 표정으로 말했다.

"말했으면, 믿었겠나? 오히려 나까지 실성한 걸로 보거나, 사기꾼으로 보지 않았겠나? 그렇지 않아도 자네는 나를 굉장히 수상쩍어하지 않았나?"

헨던은 머리를 긁적였다.

"네, 그랬죠. 죄송하게 되었습니다."

모어는 사람 좋은 미소를 지으며 말했다.

"미안할 건 없네. 자네 입장에서는 그럴 수밖에 없었으니."

"그럼 이제 어쩌죠?"

모어가 멀쩡한 얼굴로 답했다.

"푹 자야지."

"네?"

모어가 웃으며 말했다.

"왕자님과 같은 질문을 하는군. 지금 우리가 뭘 어쩌겠나? 일단 푹 자고, 아침에 일어나 웨스트민스터 사원으로 가야지."

헨던도 따라 웃으며 말했다.

"네, 알겠습니다. 그럼 주무십시오."

그리고 헨던은 촛불을 껐다. 작은 방은 완전히 어둠으로 채워졌다. 헨던은 등의 상처가 쓰라려 비스듬히 몸을 뉘였다.

모어는 당연히 잠이 오지 않았지만, 똑바로 누운 채 생각에 잠겼다. 칠흑 같은 어둠 속에서 오직 쌔근쌔근 하는 왕자의 고운 숨소리만이 들려왔다. 그 소리를 듣고 있자니 더없이 평화로운 기분이 들었다. 그때 헨던의 혼잣말 소리가 들려왔다.

"맙소사, 진짜 왕자님이었다니."

[37] 영국의 작위는 공작(duke), 후작(marquis), 백작(count), 자작(viscount), 남작(baron), 준남작(baronet) 순으로 구성된다. 본문 속에 나오는 헨던 가문의 작위 준남작은 일반 기사보다 한 단계 높은 최하급 귀족이다.

15

모든 것이
제자리로
돌아가다

그렇게 또 하룻밤이 지나고 새날이 밝았다. 마지막 날이었다. 그리고 런던에서는 보기 드물게 화창한 날이었다. 언제나 런던 하늘을 메우던 진회색 구름들은 자취를 감추고 태양이 찬란한 빛을 아낌없이 내려 주고 있었다. 마치 새 왕의 즉위를 축복하는 듯했다. 잠에서 깬 왕자의 눈에 가장 먼저 들어온 것은 아침 햇살처럼 따사로운 표정으로 자신을 바라보는 모어의 모습이었다. 왕자가 눈을 비비며 말했다.

"언제 깼소? 경은 정말 잠이 없군."

모어가 웃으며 말했다.

"저는 언제나 잠이 없지요."

왕자가 물었다.

"헨던은?"

"아직 자고 있습니다."

헨던은 여전히 비스듬히 누운 채 코를 골며 자고 있었다. 모어가 그를 흔들어 깨웠다. 그는 큰 눈을 껌뻑거리며 주위를 살피더니 말했다.

"정말로 꿈이 아니었네."

모어가 껄껄 웃으며 말했다.

"헨던 경, 경은 어찌 그리 잠이 많으시오?"

헨던이 쓴웃음을 지으며 말했다.

"그러지 마시라니깐요. 등도 좀 쓰라리고 이런저런 생각도 들고 해서 잠을 푹 못 잤습니다."

왕자가 애처로운 표정으로 물었다.

"상처는 좀 어떻소?"

헨던이 왕자를 안심시키며 답했다.

"한결 나아졌습니다. 걱정 마십시오, 전하."

마음이 약간 놓였는지 왕자는 방긋 웃었다. 모어가 말했다.

"자, 어서 아침을 먹고 웨스트민스터로 떠나지요."

일행은 아래층으로 내려갔다. 랭혼 부인과 딸은 아침상을 차리고 있었고, 랭혼은 긴 의자에 반쯤 누워 졸고 있었다. 그들이 내려오자 부인과 딸은 밤사이의 안부를 물었고, 랭혼은 헨던의 상처를 살폈다. 그리고 치료가 아주 잘되었으니 걱정할 것 없겠다고 했다.

아침 식사를 마친 일행은 진심 어린 감사를 남기고 일어섰다. 랭혼이 집 밖까지 나와 함께 걸으며 배웅했다. 그가 물었다.

"그럼 이제 웨스트민스터 사원으로 가시는 겁니까?"

모어가 일행을 대표해 답했다.

"그렇습니다."

"그 후에는 어디로 가시죠?"

모어가 문득 걸음을 멈추며 답했다.

"각자의 자리로 돌아가야죠."

그리고 다시 걸음을 떼며 덧붙였다.

"원래 있어야 할 곳으로요."

그들은 그렇게 떠나갔다.

왕자 일행이 도착했을 무렵, 아직 정오까지는 시간이 꽤 남았음에도 불구하고, 이미 사원은 인산인해를 이루고 있었다. 아름다운 의상과 화려한 보석으로 치장한 귀부인들이 헤아릴 수 없이 많았으며, 그 남편인 고위 귀족들 또한 멋진 차림으로 자리에 앉아 있었다. 사원 안팎을 에워싼 왕실 근위대의 멋진 갑옷과 투구는 햇살을 받아 눈부시게 빛났다. 다른 한편에서는 새 왕에게 왕관을 씌워 줄 캔터베리 대주교를 비롯한 국교회 고위 성직자들이 큰 행사에서만 입는 성장을 한 채 근엄한 표정으로 이야기를 나누거나 기도를 올리고 있었다.

그러나 지체 높은 사람들이 평화롭게 앉아 있는 사원 안쪽과는 곧 달리, 바깥쪽은 아비규환이었다. 국왕의 성대한 대관식을 먼발치에서나마 직접 보고픈 열망을 이기지 못한 사람들이 각지에서 몰려들어 북새통을 이루고 있었다. 때문에 왕자 일행은 사원 안은커녕 입구에 다가가는 것조차 힘들었다. 간신히 사원 입구까지는 접근했지만, 도저히 안으로 들어갈 수는 없을 것 같았다. 그리고 언제나 그래 왔듯 왕자와 헨던은 입을 모아 모어에게 어떻게 해야 할지 물었다. 그러나 모어도 뾰족한 수가 떠오르지 않았다. 그래서 난처한 표정으로 한참 생각에 잠기더니, 문득 헨던에게 물었다.

"헨던, 자네는 2년 동안 장교로 군대에 있었지?"

"네, 그렇습니다."

"그럼 자네의 옛 전우들은 지금 뭐 하고 있을까?"

헨던이 고개를 갸웃거리며 답했다.

"글쎄요, 잘은 모르겠지만, 살아 있다면 아마 제대해서 고향으로 돌아갔거나 아직 군대에 남아 있겠죠."

모어가 심각한 어조로 말했다.

"그렇다면, 자네의 전우였던 장교들 중에 근위대로 옮긴 사람도 있을까?"

그러자 헨던이 천천히 고개를 끄덕이며 말했다.

"그럴 수도 있겠군요. 한번 알아보겠습니다."

그리고 얼른 입구 앞의 근위병들에게 다가갔다. 모어와 왕자도 급히 뒤를 따랐다. 헨던은 근위병 한 명에게 말을 걸었다.

"수고하십니다. 말씀 좀 묻겠소."

대관식이라는 큰 행사를 치르느라 잔뜩 긴장한 경비병이 약간 경계하는 표정으로 물었다.

"뭡니까?"

헨던이 침착하게 말했다.

"나는 몇 년 전 프랑스와의 전쟁터에 있었던 마일즈 헨던이란 사람입니다."

같은 군인 출신인 데다 최근에 있었던 큰 전쟁에 나갔다는 말에 근위병이 경계심을 늦추며 말했다.

"그러시군요. 무슨 일입니까?"

"혹시 지금 근위대 장교들 중에 그 전쟁에 나갔던 분이 계십니까?"

근위병은 가만히 기억을 더듬으며 말했다.

"글쎄요……. 몇 명 있을 겁니다. 새로 오신 부사령관 브래켄리드 경도 계시고. 또……."

그러자 헨던이 비명을 지르듯 물었다.

"브래켄리드? 혹시 토머스 브래켄리드 경이오?"

근위병이 얼떨떨한 목소리로 그렇다고 하자, 헨던은 환호성을 올렸다.

"이런, 맙소사! 오, 하느님 감사합니다! 설마 브래켄리드 경이 계실 줄이야!"

그러고는 함박웃음을 지으며 모어와 왕자에게 말했다.

"일이 아주 잘되었습니다!"

그리고 다시 근위병에게 간곡한 목소리로 말했다.

"제 부탁 좀 들어주십시오. 브래켄리드 경에게 가서 마일즈 헨던이 살아 돌아왔다고 전해 주시오."

그러나 근위병은 떨떠름한 표정이었다.

"그건 좀……. 그건 무립니다. 저보고 근무지를 이탈하라는 겁니까?"

다급해진 헨던이 근위병을 안심시키며 애원했다.

"그건 걱정 마십시오! 맹세컨대, 절대로 벌을 받지 않을 겁니다. 제발 부탁드립니다."

하지만 근위병은 여전히 난처한 표정으로 곁의 동료들에게 물었다.

"이거 어떡하면 좋지?"

그러자 아까부터 흥미롭게 지켜보고 있던 인상 좋은 근위병이 나섰다.

"그럼 내가 다녀오겠네. 보고할 게 있다고 하면 설마 근무지 이탈로 엮이진 않겠지."

이어서 헨던을 향해 말했다.

"그럼 잠시만 기다리시오."

헨던이 고개를 숙이며 고맙다고 하자, 그는 따뜻한 웃음을 지으며 말했다.

"고마울 것 없소이다. 그 망한 전쟁에서 살아 돌아온 것만으로도 장한데, 아무려면 그 정도 부탁을 못 들어주겠소?"

그리고 사라져 갔다. 그는 오래 지나지 않아 돌아왔다. 그 뒤에는 당당한 체구의 사내가 따라오고 있었다. 그 사내는 헨던의 모습을 발견하자마자 맹렬한 기세로 달려왔다. 얼핏 보아도 엄청난 다혈질의 호걸 같았다. 헨던보다 키는 좀 작았지만, 어깨는 더 쩍 벌어졌고, 몹시 우락부락한 인상이었다. 붉은 머리에 붉은 수염을 길렀으며, 눈썹마저 붉은 색이었다. 그리고 눈썹 밑에는 강력한 눈동자가 태양처럼 이글거렸다. 호걸은 헨던 앞에서 멈춰 서더니 멍하니 그 얼굴을 바라봤다. 그리고 목소리를 떨며 말했다.

"하느님 맙소사, 믿을 수 없어. 이건 정말로 헨던이잖아!"

어느새 그의 눈에 눈물이 고였다. 헨던도 떨리는 목소리로 답했다.

"네, 저 헨던입니다. 대장님, 그간 무탈하셨습니까?"

브래켄리드는 눈물을 뚝뚝 떨구며 헨던의 양손을 잡고 말했다.

"정말 믿기 힘들군. 난 자네가 죽은 줄 알았네. 설마 유령은 아니겠지?"

그러자 헨던은 눈물을 글썽이면서도 호탕하게 웃었다.

"하하하! 무슨 그런 농담을! 세상에 유령이 어디 있습니까?"

감격에 겨운 헨던은 모어가 곁에서 쓴웃음 짓고 있는 것도 몰랐다. 그는 브래켄리드에게 짧게 자기 사연을 알려 줬다.

"실은 포로로 붙잡혀 2년 동안 갇혀 지내다가, 며칠 전에 간신히 귀국했습니다."

그 말을 들은 브래켄리드는 얼굴이 새빨개지며 욕설을 내뱉었다. 붉은 머리, 붉은 수염의 사내가 얼굴까지 새빨개지니, 그야말로 불덩이 같았다.

"이런 빌어먹을 프랑스 놈들!"

그러고는 어찌나 분했는지 발까지 동동 구르는 것이었다. 정말로 다혈질이었다. 왕자와 모어는 물론 옆에서 눈물을 훔치며 구경하던 근위병들까지 놀라고 겁날 지경이었다. 헨던만이 그 불같은 성격에 익숙한 터라 흐뭇하게 웃고 있었다. 한동안 씩씩거리던 브래켄리드는 간신히 분노를 삭이고 헨던을 꼭 껴안으며 다정하게 말했다.

"그래도 자네 몸이 성해 보여 정말 다행일세. 내가 총에 맞았을 때 나를 업고 뛰었던 이 등짝도 여전히 튼실하구만, 하하!"

그러고는 우악스런 손으로 헨던의 등짝을 팡팡 두드렸다. 상처가 다 낫지 않아 헨던은 몹시 쓰라렸지만 기꺼이 참았다. 그 모습을 보며 모어와 왕자는 헨던이 그의 이름을 듣고 왜 환호했는지, 또 그는 왜 헨던을 보고 그토록 감격했는지 비로소 알 것 같았다. 헨던은 생명의 은인이었던 것이다.

헨던은 그리웠던 상관과 더 회포를 풀고 싶었지만, 그럴 계제가 아니었다. 그는 다급한 목소리로 말했다.

"대장님, 오랜만에 뵙자마자 외람된 말씀이지만, 실은 긴히 부탁드릴 게 있습니다."

브래켄리드가 선선히 말했다.

"뭔가? 말만 하게."

헨던은 모어를 브래켄리드에게 소개시켰다.

"이분은 토머스 히슬로드라는 분으로 제 은인이십니다."

"은인? 무슨 은인?"

헨던은 대충 둘러댔다.

"돈 한 푼 없는 빈털터리로 돌아온 저를 먹여 주고 재워 주셨습니다."

그러자 브래켄리드는 모어의 손을 덥석 잡으며 걸걸한 목소리로 말했다.

"아이고, 감사합니다. 정말 인정 많은 분이군요! 저도 토머스입니다. 토머스 브래켄리드죠. 헨던의 은인은 제 은인이나 마찬가집니다."

모어가 겸손하게 답례하자, 그는 모어의 손을 놓으며 헨던에게 물었다.

"그런데 부탁이 뭔가?"

헨던이 왕자를 가리키며 답했다.

"이 아이는 이분 손자인데, 대관식을 꼭 보고 싶다고 어제부터 졸라대지 뭡니까? 그래서 무작정 데려오긴 했습니다만, 이거야 원

사람도 너무 많고······."

그러자 성미 급한 브래켄리드는 그 말이 채 끝나기도 전에 부탁을 들어줘 버렸다.

"사원 안에 들어가고 싶다는 건가? 따라오게."

그러고는 이내 성큼성큼 걸어가기 시작하는 것이었다. 헨던은 저절로 웃음이 나왔다.

'여전하시군.'

그리고 당황해서 멍하니 서 있는 모어와 왕자를 데리고 그를 따라갔다. 그리하여 왕자 일행은 무사히 사원 안에 들어갈 수 있었다. 부지런히 걸음을 옮기던 브래켄리드가 문득 생각난 듯 모어에게 말했다.

"그런데 애 얼굴이 왕자님이랑 꽤 닮았네요."

사원 안도 슬슬 소란스러워지고 있었다. 사람들은 저마다 새 왕의 치세를 기대하고 축복하는 말을 주고받으며 기쁜 얼굴로 수다를 떨었다. 이처럼 모두 즐겁고 떠들썩한 가운데 홀로 우울한 표정으로 침묵을 지키는 사람이 있었다. 그는 바로 잠시 후 잉글랜드의 왕관을 쓸 거지 소년 톰 캔티였다.

톰은 진심으로 우울했다. 궁전에서 웨스트민스터 사원으로 이동하던 중 우연히 마주친 어머니를 외면한 것이 우울함의 시작이었다. 아들을 잃어버린 후 며칠 동안 거리를 헤매다 우연히 국왕의 행렬에서 그 아들을 발견하고 다가오는 어머니에게 "난 널 모른다!"고 외쳤기 때문이다. 울며불며 근위병들에게 쫓겨나는 어머니의 뒷모습을 본 톰 캔티는 모든 꿈이 깨지기 시작하는 것을 느꼈다.

'내가 지금 여기서 뭘 하는 걸까? 정말로 내가 왕자라도 된다는 말인가? 사실 지금 나는 반역자 아닌가? 이대로 정말 왕이 되어도 괜찮은 걸까? 내가 나라를 다스릴 수 있을 리가 없잖아? 그리고 어머니, 아, 다시 어머니를 만날 수 있을까? 아냐, 그보다 내 어머니, 가엾은 내 어머니에게 내가 대체 무슨 짓을 한 거지?'

톰은 속으로 비명을 질렀다.

'난 미친놈이야!'

아무리 고민을 거듭해도 절망만 깊어졌다. 답답해서 죽을 것만 같았다. 톰은 생각했다.

'유일한 해결책은 왕자님이 돌아오시는 거다. 그것밖에 방법이 없어! 그런데 왕자님은 대체 어찌 된 거지? 도대체 왜 안 돌아오시는 걸까?'

그러자 문득 불길한 생각이 뇌리를 스쳤다.

'혹시 무슨 일이 생긴 걸까? 설마 난폭한 아버지가 해친 건 아니겠지?'

이쯤 되자 톰은 그만 생각을 멈추고 싶었다. 그래서 자기도 모르게 머리를 절레절레 저었다. 톰의 곁을 지키고 있던 왕자의 외숙부 서머셋 공이 그 모습에 깜짝 놀라 물었다.

"전하, 무슨 일이십니까?"

그 소리에 톰은 퍼뜩 정신이 돌아왔다. 서머셋 공은 물론 왕자의
사부 슨트 존 경도 걱정스러운 표정으로 지켜보고 있었다. 톰은 억지
로 담담하게 말했다.

"아무 일도 아니오."

그러고는 고개를 푹 숙이며 속으로 애타게 왕자를 불렀다.

'왕자님, 대체 어디 계신 거예요? 제발 좀 빨리 돌아와 주세요!'

그때 장엄한 음악이 연주되기 시작했다. 대관식의 본격적인 시
작을 알리는 음악이었다.

대관식은 매우 엄숙했고 길었다. 그러나 가짜 주인공 톰에게는 너무
짧게 느껴졌다. 아무리 기다려도 진짜 주인공 에드워드 왕자가 나타
나지 않기 때문이다. 다급해진 톰은 급기야 그냥 벌떡 일어나서 미
친 듯이 도망치면 어떨까 진지하게 고민하기에 이르렀다. 그러나 턱
도 없는 일이라는 것은 두말할 나위도 없이 자명했다. 그렇다면 남은
방법은 하나뿐이었다. 씌워 주는 왕관을 곱게 쓰는 것, 즉 거지 소년
이 잉글랜드 국왕이 되는 것 말이다. 실로 황당한 일이었다. 스스로
생각해도 어처구니없는 일인지라, 톰은 자기도 모르게 소리 내어 웃
고 말았다.

15

모든 것이
제자리로
돌아가다

"호호호."

그 소리를 들은 서머셋 공과 슨트 존 경은 가슴이 철렁했다.

'설마 또 실성한 건 아니겠지.'

톰이 왕자 대신 궁전에 들어간 후, 측근들은 톰의 엉뚱한 행동들을 보며 왕자가 실성한 게 아닐까 의심해 왔다. 왕자가 궁 밖에서 존 캔티의 가족과 일당에게 실성한 아이로 오해받고 있을 때, 톰은 톰대로 궁 안에서 의심을 받고 있던 것이다. 서머셋과 슨트 존은 마음속으로 간절히 기도했다.

'제발, 제발, 하느님! 대관식이 끝날 때까지 전하께서 발작하지 않기를!'

그때 바야흐로 대관식은 절정을 향해 치달았다. 캔터베리 대주교가 몹시 경건한 태도로 찬란한 왕관을 받쳐 들고 톰을 향해 서서히 다가오고 있었다. 서머셋과 슨트 존은 눈을 꼭 감고 더 필사적으로 기도했다.

'이제 다 끝나 간다! 제발, 전하, 조금만! 조금만 더 버티세요!'

그때였다. 그들의 귓가에 커다란 호통 소리가 들려왔다.

"당장 멈추지 못하겠느냐!"

서머셋과 슨트 존은 좌절했다.

'이런, 망했구나.'

그런데 그들이 절망감에 빠진 채 눈을 뜨니 희한한 광경이 펼쳐

져 있었다. 어디서 나타났는지, 평민의 옷을 입은 웬 소년이 대주교
와 왕자 사이에 떡하니 버티고 서 있는 것이었다.

'쟤는 또 뭐야?'

당황한 그들은 소년을 직접 끌어내리려고 다가갔다가 놀라 자빠
질 뻔했다. 소년의 얼굴이 왕자하고 너무나 똑같았던 것이다! 그러
나 그게 다가 아니었다. 놀랄 일이 더 남아 있었다. 그들이 왕자라 믿
고 있던 소년이, 이 정체불명의 소년 앞으로 달려가 넙죽 엎드리더니
눈물을 펑펑 쏟으며 이렇게 말하는 게 아닌가!

"왕자님, 왜 이제야 돌아오신 겁니까?"

15
모든 것이
제자리로
돌아가다

거지 왕자,
다시 잉글랜드의 왕으로

그 후 벌어진 일은 마크 트웨인이 《왕자와 거지》에서 이야기한 바와 대략 같다. 왕자임을 주장하는 소년과 거지임을 주장하는 왕자 때문에 잠시 큰 혼란이 빚어졌으나, 몇 가지 확인 절차를 거쳐 의외로 쉽게 누가 진짜 왕자인지 밝혀낼 수 있었다. 예컨대, 왕실 옥새의 생김새나 그게 있던 장소 같은 것들 말이다. 왕자가 실성한 게 아니었음을 안 서머셋 공과 슨트 존 경은 비로소 마음을 놓으며 진짜 왕위 계승자의 등장에 환호했다. 이처럼 우여곡절 끝에 웨일스 대공 에드워드는 무사히 부왕 헨리 8세의 뒤를 이어 잉글랜드 국왕으로 즉위할 수 있었다. 그가 바로 에드워드 6세다.

왕위에 오른 에드워드 6세가 가장 먼저 한 일은 톰 캔티를 용서한 것이었다. 왕은 톰을 혼내기는커녕 두둑한 상금까지 챙겨 집으로 돌려보냈다. 가엾은 어머니와 누이들을 잘 챙기라는 당부의 말과 함께. 그리고 근위병 몇 명을 딸려 보냈다. 난폭한 존 캔티에게 혼쭐을 내 줌으로써 다시는 처자식을 함부로 대하지 못하도록 하기 위해서였다.

이어서 왕은 서머셋과 슨트 존 등 측근들에게 왕궁으로 돌아갈 준비를 명한 후, 휴식을 취하고자 사원 안의 작은 홀로 들어갔다. 그리하여 브래켄리드와 소수의 근위병들을 제외하면, 왕의 곁에는 그동안 고난을 함께했던 모어와 헨던만이 남았다. 모어와 헨던이 새삼 무릎을 꿇으며 예를 올렸다.

"폐하, 즉위를 축하드립니다."

왕은 따뜻한 미소와 함께 말했다.

"어서들 일어나시오. 다 그대들 덕이오. 내 이 고마움을 결코 잊지 않겠소."

그들이 몸을 일으키며 입을 모아 답했다.

"황공합니다."

왕은 갑자기 감정이 북받치는지 말꼬리를 흐리며 눈물을 흘렸다.

"뭐라 해야 좋을지 모르겠군. 아무튼 그대들 공이 실로 크오."

헨던 또한 어느새 눈물을 흘리고 있었다. 왕이 헨던에게 말했다.

"헨던 경, 오늘은 함께 궁으로 돌아가 푹 쉽시다. 그리고 내일은 그대의 영지를 되찾으러 갈 것이오."

이어서 왕은 호기심 어린 눈빛으로 먼발치에서 지켜보며 대체 무슨 일이 있었던 건지 나중에 헨던에게 꼭 물어봐야겠다고 다짐하던 브래켄리드를 불렀다. 그리고 그가 다가오자 명령을 내렸다.

"그대는 곧바로 병력을 이끌고 켄트의 헨던홀로 가서 왕명으로 휴 헨던이란 악당을 체포해 오라."

헨던과 생사고락을 함께했던 그는 당연히 헨던의 억울한 사연을 잘 알고 있었다. 그는 무시무시한 미소를 지으며 답했다.

"잘 알겠습니다, 폐하."

브래켄리드가 물러가자 왕이 따스한 눈빛으로 헨던을 바라보며 말했다.

"헨던 경, 영지 일이 마무리되는 대로 근위대에 들어와 여태까지 그래 왔듯 앞으로도 나를 지켜 주시오."

헨던은 고개를 깊이 숙이며 감격에 젖은 목소리로 답했다.

"크나큰 영광입니다, 폐하."

이윽고 왕이 모어를 그윽한 눈길로 바라보며 천천히 말했다.

"경에게 어떻게 고맙다는 말을 해야 할지 모르겠소. 그동안 경은 나를 보살펴 줬을 뿐더러 많은 가르침을 줬지. 그대는 나의 보호자이며 스승이었소."

모어는 언제나처럼 빙긋 웃으며 말했다.

"과분한 말씀입니다, 폐하."

"나는 사실 백성들에 대해 아무것도 모르고 있었소. 그러나 궁 밖에서 조금이나마 알게 되었지. 톰 캔티의 불쌍한 어머니와 누나들, 그리고 존 캔티 같은 불량배들, 오트밀을 먹여 준 착한 아낙, 은둔하다 미쳐 버린 성직자, 법정에서 나를 구해 준 돼지 주인, 그리고 인정 많은 의사 랭혼 등……. 세상엔 정말 다양한 사람들이 살고 있더군."

모어와 헨던은 조용히 왕의 이야기를 들었다.

"고마운 사람도 있었고, 나를 해치려 한 사람도 있었지. 그런데 지금 와서 생각해 보니, 결국 모두 나의 백성들이오."

"그렇습니다, 폐하. 모두 폐하께서 보살피셔야 할 사람들입니다."

"그렇소. 내가 그들을 만나고 이런저런 일을 겪을 때마다 그대는 항상 유익한 이야기를 들려줬소. 왜 백성의 삶이 어려운지, 이 나라의 문제점이 무엇인지, 그 대책은 무엇인지, 그리고 왕이 어떤 마음가짐을 가져야 하는지 말이오. 진실로 고마운 가르침들이었소."

"황공할 따름입니다, 폐하."

왕이 맹세하듯 선명한 목소리로 말했다.

"내가 과연 얼마나 좋은 왕이 될 수 있을지는 모르겠으나, 절대로 그 가르침들을 잊지 않겠소."

왕은 잠시 말을 끊고 모어의 두 눈을 바라보며 말을 이었다.

"특히 마지막 가르침, 백성을 사랑하는 왕이 되라는 말은 죽을 때까지 명심하겠소."

그 말에 모어가 무릎을 꿇고 감격에 찬 목소리로 말했다.

"더할 나위 없이 큰 영광입니다, 폐하. 제가 그 이상 무엇을 더 바라겠습니까."

왕이 모어를 친히 부축하며 말했다.

"정말 고마웠소. 그대는 최고의 스승이었소."

곁에서 지켜보던 헨던이 의아함을 이기지 못하고 끼어들었다.

"아니 폐하, 그리고 히슬로드 님, 왜 꼭 헤어질 것처럼 이야기하십니까?"

이어서 모어에게 물었다.

"폐하 곁에 남지 않으실 겁니까?"

헨던의 물음에 모어가 약간 슬픈 목소리로 답했다.

"나는 떠날 것이네."

"떠난다고요? 어디로요? 대체 어디로 가신다는 겁니까?"

모어가 대답을 망설이는데, 왕이 대신 답했다.

"아마 유토피아겠지."

황당해서 말도 못하는 헨던을 외면하며 왕은 모어를 향해 슬픈 표정으로 말했다.

"그렇지 않소, 모어 경?"

헨던은 너무 기가 막혀 넋이 반쯤 나가 버렸다. 유토피아라니? 모어 경이라니? 십여 년 전에 죽은 사람 아닌가!

모어는 어두운 표정으로 말이 없었다. 한참 시간이 흐른 뒤에야 그는 무겁게 입을 열었다.

"언제부터 알고 계셨습니까?"

헨던은 하도 기가 막히니까 오히려 차분해지는 기분이 들었다.

왕 또한 막상 모어가 유령임을 인정하니 약간 무서워진 모양이었다. 잔뜩 긴장한 목소리로 말했다.

"진즉부터 의심하고 있었소. 울지, 불린, 크롬웰은 잘 알면서 정작 직속 상관인 모어만 모른다는 게 너무 이상했소."

모어는 쓴웃음을 지었다. 이 어린 왕은 역시 너무 총명했다.

"게다가 나는 경의 초상화를 본 적이 있는데, 그대 얼굴은 그 초상화 속 얼굴과 너무 닮았소."

모어는 묵묵히 고개를 끄덕였다. 헨던도 숨을 죽이고 왕의 말을 들었다.

"그리고 나는 아직 《유토피아》를 읽지는 못했지만, 그 내용을 대충 알고 있소. 엘리자베스 누님한테 들었지. 그런데 그대가 들려준 이야기들 중에는 《유토피아》 내용과 비슷한 것들이 많았소."

그리고 잠시 숨을 고른 왕은 평소의 목소리를 되찾고 이야기를 마무리했다.

"결정적으로, 은둔자의 집에서 잤던 밤에 경이 유령임을 확신했소. 경이 촛불을 들고 있을 때 그림자가 보이지 않았기 때문이오."

모어가 가볍게 한숨을 내쉬더니 웃으며 말했다.

"놀라운 통찰력이십니다. 정말 훌륭한 군주가 되시겠군요."

이어서 엄숙한 목소리로 말했다.

"그렇습니다. 저는 토머스 모어의 유령입니다."

그러자 갑자기 먹구름이 몰려들며 화창했던 하늘이 순식간에 흐려졌다. 헨던은 자기도 모르게 왕의 곁에 바짝 다가섰다. 그러나 왕은 태연했다. 왕은 슬픈 목소리로 물었다.

"왜 나타났던 거요?"

모어가 씁쓸하게 웃으며 말했다.

"선왕 폐하의 임종을 보려고 왔습니다. 제 목숨을 빼앗은 사람의 생명이 꺼져 가는 모습을 지켜보고 싶었지요."

하늘을 바라보며 잠시 생각에 잠겼던 모어는 문득 진지한 표정으로 말을 이었다.

"그러다가 폐하께서 길바닥에서 곤경에 처한 것을 알았습니다. 그것을 차마 외면할 수는 없었죠. 그래서 당분간 폐하의 곁을 지키기로 했고, 이내 폐하의 총명하고 어진 성품을 알게 되었습니다. 그리고 무엇보다도……."

갑자기 말꼬리를 흐리던 모어가 마저 이야기했다.

"무엇보다 제가 평생 공부한 것들이 이 나라의 통치에 쓰일 수 있지 않을까 하는 바람을 갖게 되었습니다."

그러자 이제 두려움을 떨쳐 낸 헨던이 한마디 보탰다.

"그래서 폐하께 그토록 심각한 이야기들을 많이 들려주셨던 거군요."

모어는 가볍게 고개를 끄덕인 후 왕을 향해 말했다.

"모쪼록 그 이야기들이 폐하의 통치에 조금이나마 도움이 되기를 바랍니다."

왕은 숙연하게 말했다.

"명심하겠소. 그 소중한 이야기들을 내 절대로 잊지 않겠소."

그러더니 얼른 덧붙였다.

"일단 오늘 밤부터 《유토피아》를 읽기 시작하겠소."

그 말에 모어와 헨던은 크게 웃음을 터트렸다. 왕도 수줍게 따라 웃었다.

웃음이 멎은 후, 모어가 작별을 고했다.

"이제 저는 가야 합니다."

그리고 깊이 고개 숙이며 마지막 인사말을 건넸다.

"며칠이나마 폐하를 모신 것은 제게 큰 영광이며 행복이었습니다. 폐하와 잉글랜드의 앞날에 축복이 있기를 빕니다."

그러자 왕이 다급하게 외쳤다.

"갑자기 사라지지 마시오!"

"네?"

모어가 당황해서 바라보자, 왕이 억지로 울음을 삼키며 말했다.

"그냥 모습을 감추지 말라는 말이오."

울음을 참기가 힘든지 가쁜 숨을 몰아쉬던 왕이 눈물을 글썽이며 다시 말했다.

에필로그

"그냥 사라지지 말고, 저 문으로 걸어 나가시오. 언제든 다시 돌아올 사람처럼 말이오."

헨던도 눈물이 흐르기 시작하는 것을 막을 수 없었다. 모어 역시 눈시울을 붉혔다. 잠시 침묵이 흐른 뒤, 모어가 살짝 떨리는 목소리로 말했다.

"그럼 이만 물러나겠습니다."

왕은 억지로 평온한 목소리를 짜내어 말했다.

"잘 가시오, 나의 스승이여."

그들은 그렇게 헤어졌다.

그 후로 모어의 모습을 본 사람은 아무도 없었다. 그러나 그의 《유토피아》는 오늘날 머나먼 한국 땅에서도 읽히고 있다.

역사가 전하는 바에 따르면, 에드워드 6세는 실제로 총명하고 어진 왕이었다. 그러나 명이 너무 짧았다. 그는 열 살에 즉위해 열여섯 살에 사망했다. 너무 일찍 죽어서 통치다운 통치는 하지 못했다. 그 후, 그의 두 누이가 차례로 즉위했다. '피의 메리' 메리 1세와 '처녀 여왕' 엘리자베스 1세가 그녀들이다. 피의 메리 시절은 혼란스러웠지만, 처녀 여왕 때 잉글랜드는 훗날 대영제국으로 거듭날 기틀을 다졌다.

유쾌한 마일즈 헨던이 어떻게 되었는지는 알 길이 없다. 어차피 그는 마크 트웨인이 《왕자와 거지》에서 만들어 낸 허구의 인물이니까.

토머스 모어는 매우 복합적인 인물이었습니다. 그는《유토피아》를 쓴 영국의 대표적인 인문주의 사상가인 동시에 대법관까지 지냈던 근엄한 법률가이기도 했죠. 또한, 한때 속세를 등지고 마치 수도사처럼 생활했던 경건한 인물이면서도, 헨리 8세의 극진한 총애를 받아 현실 권력의 정상에 선 정치가이기도 했습니다. 이처럼 그에게는 매우 다양한 얼굴이 있는데, 이는 그가 매우 다재다능한 인물이었음을 보여 주는 것입니다.

얼핏 보면, 모어는 매우 모순적인 인물 같기도 합니다. 그의 대표작《유토피아》에 나타나는 유쾌함과 현실에서 그가 맞이한 비극적 죽음의 괴리가 너무도 크기 때문입니다. 그러나 조금만 자세히 들여다보면, 그가 결코 모순적인 인물이 아님을 쉽게 알 수 있습니다.《유토피아》는 재치 넘치는 풍자와 유쾌한 서술로 포장되었지만, 그 내용은 사실 매우 끔찍한 것입니다. 인클로저로 인한 농촌의 붕괴, 잘못된 사유 재산 제도로 인한 부의 집중, 해결할 수 없는 서민층의 빈곤과 고통, 그 고통을 배가시키는 가혹한 형벌제도, 무익한 전쟁으로 인한 폐해, 편협한 종교관과 부패한 성직자들이 끼치는 악영향 등이 적나라하게 나타나고 있죠. 이는 그가 낙관주의자라기보다는, 오히려 현실의 온갖 추악한 문제들을 외면하지 못하는 비관주의자에 가까움을 알려 줍니다.

하지만 *그*는 대책 없이 탄식만 하는 무기력한 인물도 아니었습니다. 그는 희망을 버리고 낙담하는 대신, 진취적이고 적극적인 태도로 고통스러운 현실의 해결책을 모색했습니다. 그의 죽음이 어땠는지 떠올려 보세요! 그는 곧 자기 목을 내리칠 처형 집행인에게도 한가롭게 농담을 건네는 유쾌한 인물이었죠. 그것이 토머스 모어의 진면목이었습니다. 그리고 그것이 어쩌면 르네상스 시대 인문주의 사상가들의 가장 모범적인 모습이었는지도 모릅니다. 비참한 현실을 직시하고 슬퍼하되, 희망과 유쾌함을 잃지 않고 바른길을 찾는 현자의 모습 말입니다.

● 1478

2월 7일, 런던의 명망 높은 법률가 존 모어와 그 아내 아그네스 사이에서 태어남.

● 1485

헨리 7세 즉위. 튜더 왕조 성립.

● 1492

옥스퍼드 대학에 입학하여 고전 문학과 그리스어, 라틴어를 배움. 이후 부친의 뜻에 따라 본격적으로 법률 공부를 시작하지만, 이 시기에 그는 르네상스적 인문주의자로서의 소양을 쌓음.

● 1499

영국에 방문한 네덜란드 인문주의자 에라스뮈스와 교분을 쌓고 그 영향을 받음.

● 1502년 이후

수도원 근처에서 기거하며 금욕적인 수도사의 삶을 실천함.

● 1504

금욕적인 생활을 청산하고 하원에 진출. 그러나 헨리 7세의 지나친 과세 정책에 반대하다가 탄압을 받고 정계를 떠나 변호사로 활동함.

● 1505

제인 콜트와 결혼. 이후 네 자녀를 낳으며 행복한 결혼 생활을 했으나, 1511년 제인이 갑자기 병사하며 끝남. 이후 1515년 앨리스 미들턴과 재혼하여 안정적인 결혼 생활을 함.

● 1509

헨리 7세가 서거하고 헨리 8세가 즉위하자 런던의 행정관으로 정계에 복귀함. 이 무렵 에라스뮈스가 다시 영국에 방문. 그는 한동안 모어의 집에서 지내며 《우신예찬》을 완성함. 그 영향으로 모어도 인문학적 저술을 시작함.

● 1512년 이후

《리처드 3세의 역사》를 집필. 그는 이 책을 끝마치지 못했으나, 그의 사후에 출판됨. 모어는 이 책에서 전제군주정의 한계와 잔인함을 비판함. 이 책은 훗날 셰익스피어의 희곡 〈리처드 3세〉에 영향을 끼침.

● 1516

《유토피아》를 완성함. 모어는 이 책에서 영국 사회의 문제점들을 비판하고 근본적인 대안을 제시하려 함. 그는 이 책에서 종교적 관용 정신을 이야기했으며, 사유 재산 제도로 인한 문제점들을 지적하고 '공동 생산, 공동 분배'라는 사회주의적 해법을 제시함.

● 1516

추밀원 의원이 되어 당대의 권력가였던 토머스 울지 추기경에게 발탁됨. 이후 울지 경의 외교 정책을 수행하며 헨리 8세의 눈에 띔.

● 1521

기사 작위를 수여받고 헨리 8세의 최측근이 됨. 한편, 종교 개혁을 시작한 독일의 마르틴 루터와 격한 논쟁을 벌이는 서신을 주고받음.
헨리 8세는 유능할 뿐더러 유쾌한 성격의 모어를 몹시 총애했다고 함. 모어를 곁에서 떨어트리지 않으려 했을 정도라고 함.

● 1527년 이후

헨리 8세의 이혼 문제가 불거지기 시작함. 헨리 8세가 이혼 및 재혼을 반대하는 교황청에 맞서기 위해 잉글랜드 교회를 로마 가톨릭으로부터 독립시키려 하면서 울지 경과 모어는 난처한 입장에 놓임. 결국 1529년 울지 경이 실각함. 반면, 모어는 대법관으로 임명되었으나, 이혼 및 교회 문제를 두고 헨리 8세와의 갈등이 형성되기 시작함.

● 1532

헨리 8세와의 갈등이 극에 달해 대법관직에서 물러남. 이듬해 앤 불린의 왕비 대관식에 불참함으로써 모어에 대한 헨리 8세의 분노가 심화됨. 결국 1534년 앤의 자식에게 왕위 계승 자격을 허용하는 법안에 반대하다가 런던 탑에 갇힘.

● 1535

7월 1일의 재판에서 사형이 확정되고, 6일에 처형됨. 며칠 후 맏딸 마거릿이 그의 수급을 수습함.

필자는 복합적인 인물인 '모어'의 모습을 독자들에게 어떻게 쉽게 전달할지 많이 고민했습니다. 어떻게 해야 슬픔과 즐거움, 절망과 희망이라는 모어의 다양한 모습을 잘 나타낼 수 있을까? 그때 떠오른 것이 바로 19세기 후반의 미국 작가, 《톰 소여의 모험》과 《허클베리 핀의 모험》으로 유명한 마크 트웨인이었습니다. 그는 눈물로써 독자들을 웃기고, 좌절을 통해 희망을 심어 주는 독특한 작가였습니다. 그리고 이는 토머스 모어의 사상 및 삶과 닮은 데가 있었죠.

무엇보다 필자에게 큰 행운이었던 점은, 그의 또 다른 걸작 《왕자와 거지》의 시간적 배경이 모어의 시대와 몹시 가깝다는 사실이었습니다. 《왕자와 거지》 속 에드워드 왕자는 헨리 8세의 아들이었습니다. 그런데 헨리 8세가 누구입니까! 토머스 모어를 총애했고, 또 처형했던 바로 그 왕 아닙니까! 마크 트웨인은 《왕자와 거지》에서 헨리 8세가 죽고 에드워드 6세가 즉위하는 과정을 다루었는데, 이는 모어가 사망한 지 불과 12년밖에 지나지 않은 때의 일이었습니다. 즉 모어가 《유토피아》에서 비판했던 영국 사회의 문제들이 그대로 남아 있는 때였던 것입니다.

따라서 필자는 《왕자와 거지》 이야기의 흐름 속에 모어를 등장시킨다면, 자연스럽고도 재미있게 모어의 진면목을 드러낼 수 있겠다고 판단했습니다. 물론《왕자와 거지》는 이미 모어가 죽은 후의 이야기이므로, 모어를 유령으로 등장시키는 교육지책을 써야 했습니다. 그래서 이 책의 첫 장면은 모어의 유령이 곤경에 빠진 왕자를 구하는 것으로 시작됩니다.

《왕자와 거지》에서 마크 트웨인은 왕자가 며칠 동안 방랑하며 다양한 인물을 만나는 모험담을 펼쳤는데, 이는 필자에게 큰 도움이 되었습니다. 몰락한 귀족 마일즈 헨던, 도시 빈민 존 캔티 일당, 인정 많은 농가의 아낙, 실성한 은둔자, 돼지 주인과 치안 판사 등은 당시 영국 사회의 단면을 상징하는 인물들이었습니다. 필자는《왕자와 거지》의 인물들을 이 책에도 차례로 등장시키면서, 그때마다 모어가 왕자에게 교훈을 주는 방식을 통해《유토피아》의 사상들을 자연스럽게 소개할 수 있었습니다.

마크 트웨인은 19세기 후반 인물임에도 불구하고 16세기 중반 영국 사회의 모습을 아주 생생하게 묘사했지만, 간혹 사소한 오류들을 범했습니다. 특히 오류는 숫자에서 두드러졌습니다. 우선 그는 왕자가 1500년에 태어났다고 적었지만, 실제 역사에서 에드워드 6세는 1537년생이었습니다.

또한《왕자와 거지》에서 왕자의 나이가 열네 살로 나오는데, 에드워드 6세는 열 살의 나이로 즉위했죠. 어떤 이유에서 마크 트웨인이 이런 오류들을 범했는지는 모르겠습니다만, 아무튼 필자로서는 간과할 수 없는 바였습니다. 그래서 짧은 고민 끝에 실제 역사적 사실에 맞춰 바로잡았습니다. 때문에 이 책에서는 왕자의 나이가 열 살입니다. 그에 따라 왕자가 지나치게 조숙한 느낌을 갖게 되었죠. 이런 고충이 있었음을 독자 여러분이 헤아려 주시기 바랍니다.

필자는 이 책에서《왕자와 거지》속 인물을 많이 빌렸지만, 남은 이야기를 마저 풀어내기 위해 후반부에는 새로운 인물들을 만들어야 했습니다. 바로 착한 의사 새뮤얼 랭혼과 근위대 부사령관 토머스 브래켄리드입니다. 새뮤얼 랭혼은 마크 트웨인의 본명입니다. 그에게 감사를 표하는 의미로 이 책 속에 등장시켰습니다. 토머스 브래켄리드라는 이름은 필자가 한때 즐겨 봤던 캐나다 드라마 〈머독 미스터리〉에 나오는 경감에게서 따왔습니다. 다른 이유는 없고, 호탕하고 정 많은 군인을 표현할 때 문득 그의 이미지가 떠올랐을 뿐입니다.

이 모든 것이 독자 여러분께 쉽고 재미있게 모어의 사상을 전달하기 위함이었습니다. 이 책 속에서 모어는 핸던을 만나며 전쟁을 논했고, 농민들과 식사를 한 후 올바른 쾌락에 관해 이야기했습니다. 또한 실실한 은둔자를 만남으로써 종교적 관용을 주장했죠. 왕자가 도둑 누명을 씀으로써 사유 재산 제도를 비판했고, 핸던이 매를 맞음으로써 형벌과 법률을 논했습니다. 저는 이처럼 왕자 일행의 신기한 모험을 따라가고 나니, 어느덧 모어가 《유토피아》에서 말했던 바들을 살짝이나마 드러낼 수 있었습니다. 독자 여러분 또한 왕자 일행의 여정을 즐겁게 따라가며 모어의 유익한 가르침을 받으셨기를 바랍니다.

1. 전쟁에서 모진 고초를 견디고 돌아온 헨던에게 토머스 모어가

   애국자라기보다는 불쌍한 희생자라고 한 이유는 무엇일까요? 3장 참고

2. 양은 온순하고 많이 먹지도 않는 동물이지만 15~16세기 사람들은 양들로

   인해 거리로 쫓겨났습니다. 선량한 농민을 거리로 내몰고 도시를 황폐하게

   한 양들의 반란은 무엇이며 그 원인은 어디에 있나요? 4장 참고

3. 인클로저로 부유해진 목장주나 귀족들은 공익을 무시하고 사치에만

열중하게 되는데요. 사치의 폐해를 막기 위해 토머스 모어가 제시한 대책은

무엇인가요? 4장 참고

4. 토머스 모어는 인간의 삶에서 정신적 쾌락과 육체적 쾌락 모두가 필요하다고

봤습니다. 하지만 두 쾌락을 추구하기 위해선 경계할 것이 있다고 했는데요.

그것은 무엇이며 경계의 이유를 설명해 보세요. 6장 참고

5. 아버지인 헨리 8세가 만든 영공 성공회만을 인정해 온 에드워드 왕자는

종파는 물론이고 종교도 여럿일 수 있다는 모어의 말에 충격을 받습니다.

종교 전파에 관한 모어의 생각을 정리해 보세요. 9장 참고

6. 토머스 모어가 생각한 가장 이상적인 법과 종교의 관계는 무엇일까요?

9장 참고

7. 토머스 모어는 잉글랜드 사회가 건강하지 않은 이유로 사유 재산을

꼽았습니다. 모어가 주장한 사유 재산 허용의 문제점은 무엇인가요?

11장 참고

1. 군인이 애국자가 되기 위해선 그가 싸운 전쟁에 올바른 명분이 있어야 합니다.

   만일 명분 없는 전쟁에 나가서 싸운다면 이겨 봐야 잔인한 약탈자가 될 뿐이고, 질

   경우에는 비참한 희생자가 되기 때문입니다. 토머스 모어는 유럽의 군주들이 명분

   없는 전쟁을 일으켜 헨던처럼 선량한 백성을 희생시키는 현실을 비판하고 있습니다.

   또한 토머스 모어는 전쟁을 좋아하는 군주는 항상 많은 상비군을 유지하려고

   하는데, 이들은 대부분 돈을 받고 싸우는 용병들이기 때문에 백성들은 이들의

   급료를 마련하기 위해 어마어마한 세금을 내야 한다는 사실을 지적하고 있습니다.

2. 인클로저. 귀족과 부유한 시민 등 대토지 소유자들은 원래 남는 땅을 농민에게

   빌려줬으나 양털 값이 크게 오르자 농지에 울타리를 치고 양을 길렀습니다. 수십.

   수백 명이 농사짓던 땅에 양을 키우면 목동 한두 명만이 양을 지키는데요. 결국

   원래 농사짓던 농민들은 일자리를 찾아 도시로 쫓겨나듯이 떠나야 합니다. 더 큰

   문제는 농지가 대부분 양 방목지로 바뀌어 곡식 값이 크게 오른다는 점인데요.

   도시로 간 농민은 열심히 일해도 식량을 구하기 어려워집니다.

3. 양을 키워 부당한 이득을 취한 이들로 하여금 마을들을 복구하도록 시켜야

   합니다. 아니면, 국가에서 복구하는 데 쓰도록 막대한 세금을 거둬야 한다고

말합니다. 또한, 부자들의 독점과 과점을 제한하고 단속해야 하며, 이를 위해 먼저

농업을 부활시키고 양털 산업을 정직한 장사로 되돌려야 한다고 제안했습니다.

그리하면 사치 때문에 타락하거나 가난 때문에 범죄자가 되는 것을 방지할 수

있고, 이는 장차 잉글랜드의 국익에 큰 도움이 될 것이라고 했습니다.

4. 토머스 모어는 육체적 쾌락을 감각적 쾌락과 건강한 쾌락 두 종류로 나눴습니다.

여기서 감각적 쾌락을 경계하라고 했는데요. 예를 들어, 식도락은 사치와 비만을

낳고 술은 본인의 건강은 물론 이성적인 판단력을 해치므로 남에게 피해를 주기

때문입니다. 토머스 모어는 쓸데없는 명예욕, 다시 말해 허영이 나쁜 정신적

쾌락임을 지적하고 화려한 복장과 사냥, 그리고 전쟁 등 군주의 허영으로 일어날

수 있는 문제들을 가장 경계하라고 에드워드 왕자에게 조언했습니다. 특히 모어는

인간의 삶을 망치는 것은 도박인데 전쟁이야 말로 군주가 백성을 걸고 하는

도박인만큼 올바른 군주는 전쟁을 멀리해야 한다고 강조했습니다.

5. 모어는 세상에는 다양한 종교가 있고 사람들은 자신이 처한 상황에 맞는 종교를

택한다고 말했습니다. 또한 종교의 전파는 무력으로 억지로 이룰 수 있는 게

아님을 주장했는데요. 과거 로마인들이 올림포스의 신을 버리고 기독교를 택한

이유는 창칼 때문이 아니라 순교자들의 열정과 지조, 그리고 성경에서 알려 준

공동생활의 이로움 때문임을 알려 줍니다. 모어는 조용하고 온건하게 그리고

이성적인 방식으로 포교를 실천하되 포교 과정에서 폭력은 절대 안 된다고

주장했습니다. 성경에도 어긋날 뿐더러 효과마저 없다고 본 것인데요. 종교가

평화를 무너뜨릴 명분이 되어선 안 된다는 게 모어의 입장이었습니다.

6. 인간의 행위와 사회의 구조는 매우 복잡하므로, 아무리 정밀하게 법을 다듬는다

해도 인간과 사회를 통제하기에는 한계가 있습니다. 법 조항이 미처 닿지 못하는

부분이 너무 많기 때문이죠. 이렇게 법으로 규제하기 힘든 부분을 종교가 보완할

수 있습니다. 왜냐하면 대부분의 종교는 사람이 죽으면 생전의 악행은 처벌받고

덕행은 보상받는다고 가르치므로, 사람들로 하여금 언제나 자기 양심의 소리에 귀

기울이도록 만들기 때문입니다.

7. 재화의 재분배에 국가가 개입하지 않고 사람들이 각자 재화를 차지하는 순간

사람들은 되도록 많은 재화를 얻기 위해 치열하게 경쟁합니다. 결국 수단 방법을

가리지 않은 이가 법률과 성경의 가르침, 그리고 개인의 양심을 외면하면서 많은

재화를 차지한다고 모어는 생각했습니다.